LES MAUVAIS TOURS DE MAGGIE NOIRE

VOTRE PASSEPEUR POUR UN HORRIBLE CAUCHEMAR

LES MAUVAIS TOURS DE MAGGIÉ NOIRE

Texte et illustrations
de
Richard Petit

Les presses d'or

Isbn : 1552250377

Dépôt légal 3e trimestre 1999
Imprimé au Canada
Bibliothèque nationale du Québec
Bibliothèque nationale du Canada

Les presses d'or (Canada) inc.
7875, Louis-H.-Lafontaine
Bureau 105
Anjou (Québec)
H1K 4E4
Téléphone : (514) 355-7703
Télécopieur : (514) 354-3144
Courriel : marketing@lespressesdor.com
Site Internet : www.lespressesdor.com

Félicitations à la grande gagnante du concours

STAR D'UN PASSEPEUR :

Analisa Côté
de Saint-Hubert, Québec.

Eh oui, la voici, le visage tout vert sur la couverture du Passepeur numéro 11, *Les Mauvais tours de Maggie Noire*. Croyez-le ou non, c'est elle-même qui m'a proposé de servir de modèle pour la vilaine sorcière Maggie Noire. Analisa, je te remercie d'avoir participé au concours. J'espère que tu es contente. Je trouve que tu fais une très belle sorcière... BRAVO !

Je voudrais aussi dire un gros merci à tous ceux et celles qui nous ont fait parvenir leur dessin. J'ai regardé chacun d'eux attentivement. Plusieurs fois, mes cheveux se sont dressés sur ma tête... QUEL TALENT FOU ! Vous êtes tous des illustrateurs très prometteurs, et je suis un expert en la matière.

Et n'oubliez pas, il ne faut pas désespérer. Vous avez encore deux chances de figurer sur la couverture d'un Passepeur : au printemps et à l'automne de l'an 2000. Vous ne savez jamais, peut-être qu'un jour, le téléphone sonnera et je vous demanderai : « Qui sera la star du prochain Passepeur ? »

Richard Petit

TOI!

Tu fais maintenant partie de la bande des

TÉMÉRAIRES DE L'HORREUR.

OUI ! Et c'est toi qui as le rôle principal dans ce livre où tu auras bien plus à faire que tout simplement... LIRE. En effet, tu devras déterminer toi-même le dénouement de l'histoire en choisissant les numéros des chapitres suggérés afin, peut-être, d'éviter de basculer dans des pièges terribles ou de rencontrer des monstres horrifiants.

Aussi, au cours de ton aventure, lorsque tu feras face à certains dangers, tu auras à jouer au jeu des **PAGES DU DESTIN...** Par exemple, si dans ton aventure tu es poursuivi par une espèce de monstre répugnant et qu'il t'est demandé de TOURNER LES PAGES DU DESTIN afin de savoir si ce monstre va t'attraper, la première chose que tu dois tout de suite faire, c'est de placer ton doigt tout tremblotant ou un signet à la page où tu es rendu. Ensuite, SANS REGARDER, tu fais glisser ton pouce sur le côté de ton Passepeur en faisant tourner les feuilles rapidement pour finalement t'arrêter AU HASARD sur l'une d'elles.

Maintenant, au bas de la page de droite, il y a plusieurs petits pictogrammes. Pour savoir si le monstre t'a attrapé, il n'y en a que deux qui te concernent, celui de l'espadrille  et celui de la main. 

Pour le moment, tu ne t'occupes pas des autres, ils te serviront dans d'autres situations. Je t'explique tout un peu plus loin.

Comme tu as peut-être remarqué, sur une page, il y a une espadrille, et sur la suivante, il y a une main et ainsi de suite, jusqu'à la fin du livre. Si par chance, en tournant les pages du destin, tu t'arrêtes au hasard sur le pictogramme de l'espadrille, eh bien bravo, tu as réussi à t'enfuir. Là, retourne au chapitre où tu étais rendu, il t'indiquera le numéro de l'autre chapitre où tu dois aller pour fuir le monstre. Si tu es le moindrement malchanceux et que tu t'arrêtes sur le pictogramme de la main, eh bien, le monstre t'a attrapé. Là encore, tu reviens au chapitre où tu étais, mais tu auras par contre à te rendre au chapitre indiqué où tu tomberas entre les griffes du monstre.

Lorsqu'on te demandera de TOURNER LES PAGES DU DESTIN, tu n'utiliseras, selon le cas, que les DEUX pictogrammes qui concernent l'événement. Voici les autres pictogrammes et leur signification :

Pour savoir si une porte est verrouillée ou non :

Si tu tombes sur ce pictogramme-ci, cela signifie qu'elle est verrouillée ;

Si tu t'arrêtes sur celui-ci, cela signifie qu'elle est déverrouillée.

S'il y a un monstre qui regarde dans ta direction :

Ce pictogramme veut dire qu'il t'a vu ;

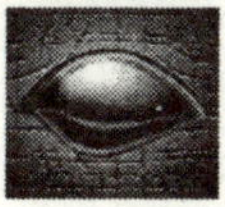

Celui-ci veut dire qu'il ne t'a pas vu.

En plus, dans cette aventure, deux autres jeux diaboliques t'attendent :

LE JEU DE LA BOUTEILLE

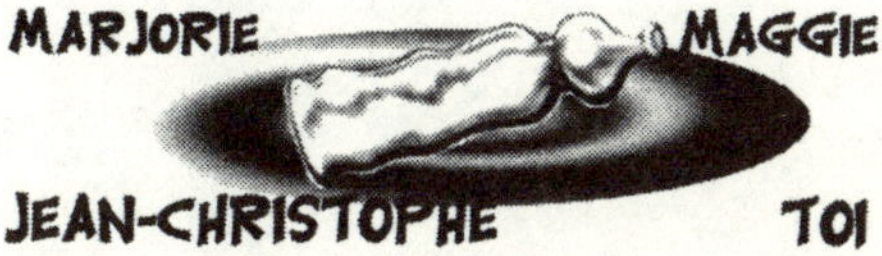

et LE JEU DU BEC DE LA GARGOUILLE.

Si tu regardes sur chacune des pages de gauche de ton Passepeur, tu y trouveras ces deux jeux. En ce qui concerne le jeu de la Bouteille, tu ne vas peut-être pas le croire, mais au cours de ton aventure, lorsque viendra ton tour de jouer, tu pourras tourner la bouteille... TOI-MÊME ! Comment ? C'est très simple : lorsqu'il te sera demandé de tourner la bouteille, ferme les yeux et tourne les pages de ton

Passepeur. Ensuite, arrête-toi au hasard sur une des pages et regarde sur quel nom pointe le goulot de la bouteille. Enfin, reviens au chapitre où tu étais et suis les indications selon le nom que tu as obtenu.

Le jeu du Bec de la gargouille est semblable au jeu de la Bouteille. Tu tournes les pages du destin, toujours les yeux bien fermés, et une fois que tu t'es arrêté, tu regardes ce que tu as obtenu. Une image apparaîtra à l'intérieur même du jeu. Ensuite, reviens au chapitre où tu étais, et on t'indiquera la marche à suivre...

Ta terrifiante aventure débute au chapitre 1. Et n'oublie pas : une seule finale te permet de bien terminer... ***Les Mauvais tours de Maggie Noire***.

1

CRRRR !

« AVEZ-VOUS ENTENDU ? fais-tu en te levant d'un coup sec.

— OUI ! répond Jean-Christophe. Ça provient de l'extérieur, il y a quelqu'un ou quelque chose dehors...

— Katie, Craig et Tyler, vous restez ici avec Maggie ! ordonnez-vous à vos amis. Nous trois, Jean-Christophe, Marjorie et moi, nous allons sortir de la cabane de Maggie pour voir ce que c'est. »

À première vue, il ne semble y avoir personne. Vous remarquez cependant qu'il se fait tard et que la nuit a déjà jeté son manteau noir sur la forêt. C'est vrai que le temps passe vite lorsqu'on s'amuse.

« Ce n'était peut-être qu'un écureuil, leur dis-tu, ou un autre petit animal de la forêt...

— Ou un loup ou un vampire, OU BIGFOOT ! s'exclame Marjorie, qui commence vraiment à avoir peur. Avec Maggie Noire, il faut s'attendre à tout, ajoute-t-elle. Tout tourne toujours au mystère. C'est comme si elle connaissait des trucs de sorcellerie. Vous ne trouvez pas ça bizarre qu'elle soit toujours habillée en noir ? »

Allez au chapitre 54.

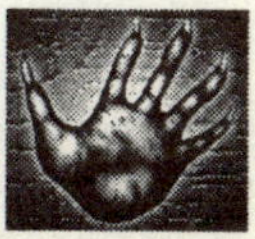

2

Les osselets tombent sur le plancher dans un cliquetis lugubre.

CLIC ! CLIC ! CLOC !

Pas besoin d'être le grand sorcier d'une ancienne tribu pour lire ton avenir dans le dessin formé par les osselets que tu as jetés. Le message est clair comme de l'eau de roche...

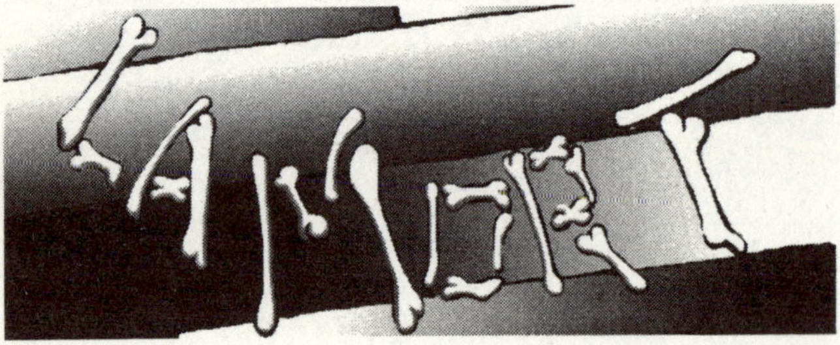

Tu balaies du revers de la main les osselets, qui disparaissent sous un vieux bahut.

« Je ne veux plus jouer à ton jeu stupide, t'emportes-tu. Laisse-nous sortir d'ici... »

Maggie lève les deux bras et grommelle entre ses dents une étrange incantation. Ses yeux roulent dans leur orbite et sa peau devient soudainement toute verte.

Tu te rends en tremblant au chapitre 55.

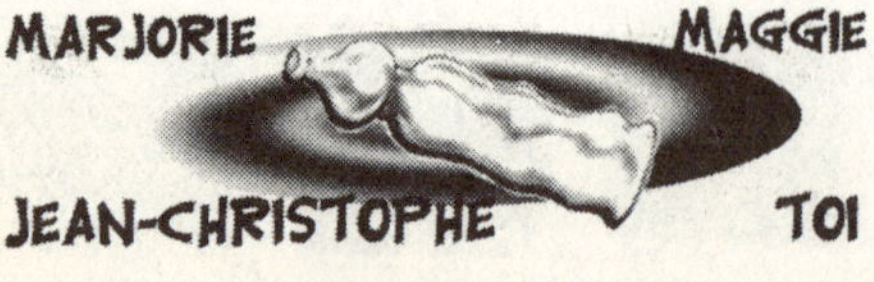

3

La bouteille ralentit, fait un dernier tour, puis s'arrête et pointe directement... VERS MARJORIE !

« Choisissez le lieeuuuuu où vouuus passerez l'éteeernité », fait une voix creuse qui provient de la bouteille.

Vous vous regardez tous les trois...

« Choisissez le lieuuuuu où vouuus passerez l'éteeernité ? ? ? répètes-tu pour réfléchir.

— J'Y SUIS ! s'écrie Jean-Christophe, qui vient de saisir. Ne dites rien, ne parlez pas. Sinon, nous serons tous les trois dans un vrai pétrin. J'en suis pas mal sûr. »

Bouche cousue, tu fixes la bouteille.

« Queeelqu'un a choisi ! s'exclame soudain la voix de la bouteille après quelques minutes de silence.

— HOLÀ ! MINUTE PAPILLON !... t'objectes-tu vivement. Personne ici n'a dit quoi que ce soit.

— Peeersonne n'a parlé, te concède la voix. Mais un de vous trois a tout de mêmeeu choisi. IL SUFFISAIT D'Y PENSER ! »

Rendez-vous au chapitre 71.

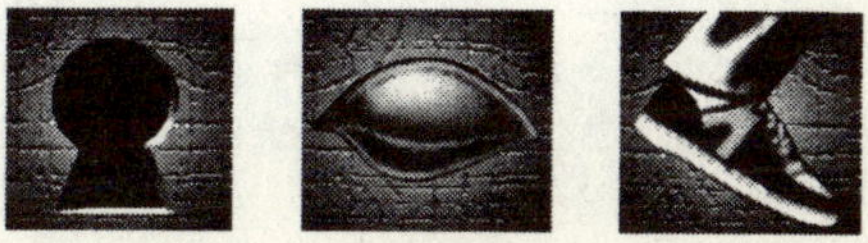

4

Des frissons épouvantables traversent tout ton corps lorsque Maggie te dit... OUI, À TOI !

« Choisis le jeu dans lequel... TU VAS PÉRIR ! »

Rends-toi au chapitre du jeu que tu auras choisi...

21
11

5

À l'intérieur du coffre, la poupée se démène frénétiquement. Ça ne sera pas du gâteau...

Tu ouvres rapidement le coffre. Tes amis se jettent sur la poupée et l'immobilisent. Tu cherches ce fameux commutateur. La poupée tente de te mordre, tu enlèves ton doigt juste à temps. Soudain, tu l'aperçois au milieu de son petit dos.

CLIC ! tu le mets à la position « gentille ».

La poupée s'immobilise et un grand sourire illumine son petit visage de chiffon.

« Voilà ! c'est fait, te dit Jean-Christophe. Qu'est-ce qu'on fait avec elle maintenant ?

— Il faut la mettre en lieu sûr, lui expliques-tu. Le seul endroit sûr que je connais, c'est dans la chambre de ma petite sœur, parmi les autres poupées de sa collection. Personne n'ose toucher à ses précieuses poupées. Ça va nous donner le temps d'en finir avec Maggie Noire. Il faut retourner là-bas, je suis persuadé qu'elle nous attend... »

Retourne au chapitre 4, ton aventure n'est pas terminée...

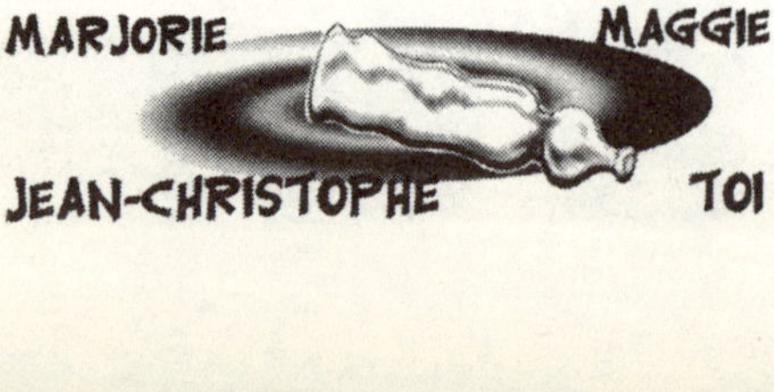

6

Les osselets tombent sur le plancher dans un cliquetis lugubre.

CLIC ! CLIC ! CLOC !

Maggie se met à rire aux éclats

« HA ! HA ! HA ! HA ! »

Jean-Christophe la regarde, étonné, et examine ensuite les osselets en cherchant ce qu'il y a de si drôle. Toi qui ne comprends pas plus, tu te demandes si tu ne devrais pas rire avec elle. Mais tu n'oses pas, car pour l'œil averti d'une sorcière, la position de chacun des osselets sur le plancher a une signification bien précise.

Les rires de Maggie poussent finalement Marjorie à la limite de sa patience.

« VAS-TU NOUS DIRE ENFIN CE QU'IL Y A DE SI DRÔLE ? s'emporte-t-elle le visage tout rouge. Qu'est-ce que tu vois dans ces stupides osselets... LA MORT ?

— HA ! OUI JUSTEMENT ! HA ! HA ! réussit-elle à lui dire entre deux éclats de rire. HA ! HA ! C'est la première fois que ça arrive. Figurez-vous que dans les osselets que tu as lancés, je ne vois pas votre avenir, mais une devinette... À MOURIR DE RIRE ! »

Rends-toi au chapitre 75.

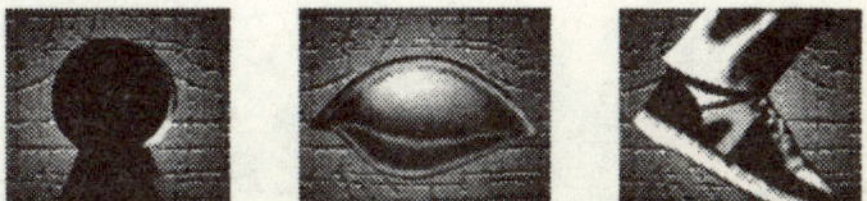

7

La manivelle fait un quart de tour et fige comme Jean-Christophe le craignait... DANS LA ROUILLE !

Vous vous mettez à deux pour essayer de la ramener dans l'autre sens, mais c'est inutile, elle est coincée...

Marjorie te tape sur l'épaule. Tu pivotes sur tes pieds et tu aperçois Bigfoot. Il est revenu avec une horde de monstres écumants, prêts à vous écrabouiller. Le terrible yéti des neiges, le sanguinaire monstre du Loch Ness, le marchand de sable, le Bonhomme Sept Heures, le monstre qui se cache sous les lits des enfants et même Momo, cet extra-terrestre qui possède huit bras et qui sent les œufs pourris. Qui se ressemble s'assemble, comme dit le proverbe !

Vous avez fait une très grande découverte. Vous avez trouvé le repaire secret de tous les monstres légendaires de la terre. Mais il y a un hic... VOUS ÊTES ENFERMÉS AVEC EUX !

Les Téméraires ont trouvé autre chose aussi. Ils ont trouvé... CHAUSSURE À LEUR PIED !

FIN

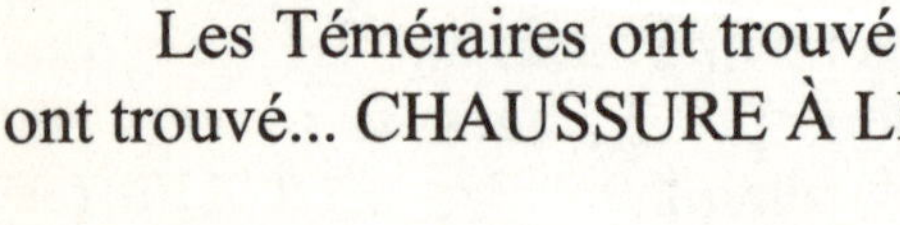

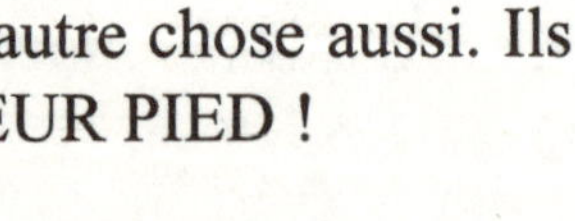

8

La première étincelle jaillit des silex, mais à la place des flammes apparaît à votre grande stupéfaction... MAGGIE. Transparente, elle flotte au-dessus des branches enflammées, comme un spectre. Ses bras ondulent de chaque côté d'elle. Bigfoot disparaît dans les profondeurs de la grotte et revient quelques secondes plus tard, massue en main.

Maggie, sur une simple parole magique, transforme sous vos yeux le terrible Bigfoot en inoffensif petit écureuil.

« Voilà ! s'exclame-t-elle en le voyant déguerpir. Il ne nous embêtera pas pour un certain temps, ce gros bêta. Maintenant, je peux vous poser cette fameuse devinette. Dites-moi, qu'est-ce qui est transparent et qui sent la banane ? »

Vous haussez tous les trois les épaules, car vous l'ignorez.

« UN PET DE SINGE ! s'esclaffe-t-elle de nouveau, HAAA ! HAA !»

Maintenant, tu dois être honnête !

Si tu trouves drôle cette devinette et que tu souris, rends-toi au chapitre 37.

Si par contre tu ne la trouves pas comique du tout, va au chapitre 83.

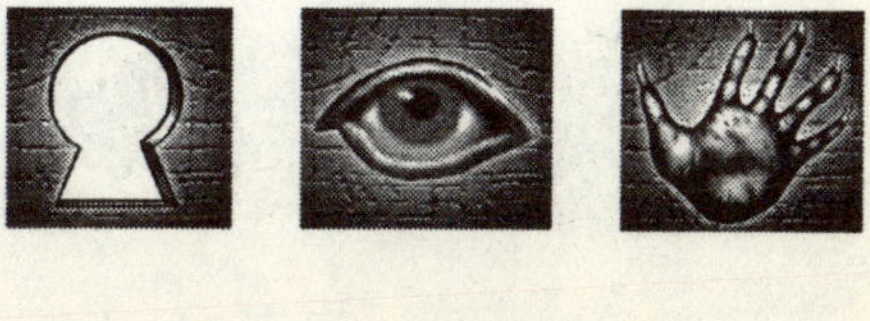

9

Vous allongez le pas lorsque derrière vous survient un boucan incroyable.

BRR ! GR ! BRRRR ! BOUM ! BOUM !

« Je-je crois que c'est Maggie, bafouille Marjorie, qui essaie du mieux qu'elle peut de suivre ton rythme.

— Si ce n'est pas elle, c'est sûrement Bigfoot revenu avec des renforts », lui réponds-tu.

GROOUU ! BRR ! BOUM !

Juste à la sortie de la grotte, vous vous butez à une porte fermée dont le système de verrouillage est actionné par un engrenage très ancien. Marjorie surveille vos arrières pendant que Jean-Christophe et toi examinez attentivement le tout.

« Tu sais, toi, dans quel sens il faut tourner la manivelle pour l'ouvrir, cette foutue porte ? demandes-tu à ton ami.

— Non, mais je sais une chose par contre, t'apprend-il les yeux rivés sur la porte. Si par malheur tu tournes la manivelle dans le mauvais sens, le mécanisme va se figer dans la rouille et nous serons emprisonnés à jamais dans cette grotte humide. »

Le mécanisme se trouve au chapitre 31.

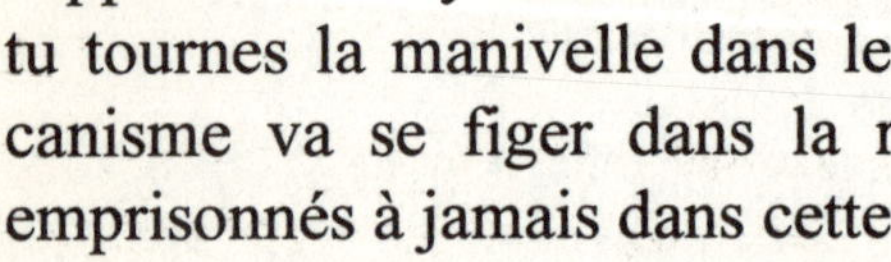

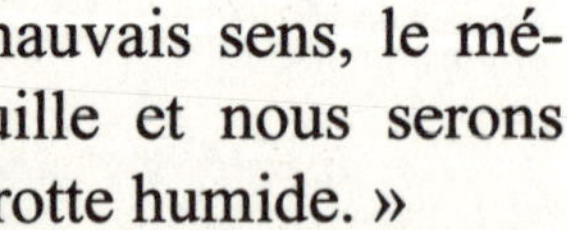

10

La bouteille ralentit, fait un dernier tour, puis s'arrête et pointe directement... JEAN-CHRISTOPHE !

Un jet de fumée se met à chuinter de la bouteille et te force à te boucher les oreilles.

SHHHHHUUIIII !

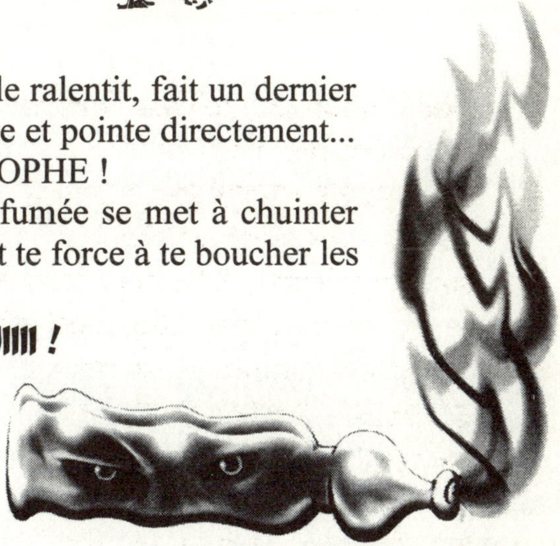

Au lieu de se dissiper, l'étrange fumée bleuâtre se met plutôt à tourner autour de vous. Tu te caches la tête entre les bras. Juste devant vous, la fumée se matérialise en grosse dame fantôme mal coiffée. Elle tend ses longs bras sinueux. Va-t-elle réussir à attraper l'un de vous trois ? Pour le savoir...

...TOURNE LES PAGES DU DESTIN !

Si la grosse fantôme réussit, allez au chapitre 103.

Si par contre vous parvenez à l'éviter adroitement, allez au chapitre 64.

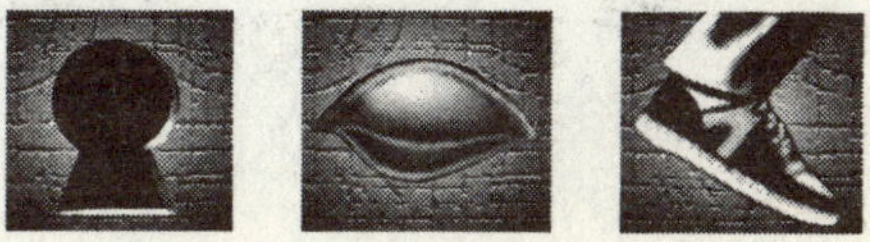

11

Maggie ouvre le petit cercueil. Il contient le cadavre d'un corbeau. Elle dépose la carcasse devant elle et sort d'une petite pochette de cuir une fiole contenant une espèce de farine de couleur rose. Elle se saupoudre une main et envoie d'un souffle la farine sur le corbeau.

Lentement, la chair putréfiée se dissout et disparaît pour ne laisser qu'un tas de petits osselets blancs.

Stupéfaits, Jean-Christophe et Marjorie demeurent silencieux. Ils savent comme toi que ce n'est pas de la comédie. Maggie Noire pratique vraiment la sorcellerie.

Elle prend le petit crâne de l'animal et le range dans son cercueil. Tu ramasses ensuite les osselets avec tes deux mains et tu les lances sur le plancher...

Pour savoir maintenant ce que tu vas obtenir, rappelle-toi le numéro de ce chapitre, ferme ton Passepeur et laisse-le tomber sur le sol...

S'il tombe du côté où il y a deux osselets, rends-toi au chapitre 2.

S'il tombe du côté où il n'y a qu'un osselet, va au chapitre 6.

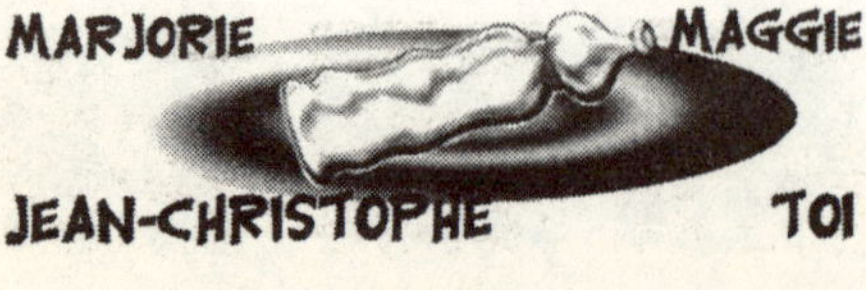

12

La poupée attrape un de tes lacets et de l'autre main plante l'épingle dans ton espadrille. Tu as des frissons lorsque tu sens l'épingle passer entre tes deux orteils. Tu ne vas pas lui donner la chance de faire une deuxième tentative. En même temps que tu l'expédies au loin d'une chiquenaude à la tête, tu te sens toi aussi soudain pris d'une violente douleur... À LA TÊTE !

Jean-Christophe, vif comme l'éclair, attrape la dangereuse poupée et l'immobilise entre ses mains.

« AIE ! NE LA SERRE PAS TROP FORT ! lui hurles-tu. TU ME FAIS MAL À LA POITRINE ! Cette poupée vaudou est à mon effigie. Si tu lui fais mal, tu me fais mal à moi aussi... »

Maggie éclate d'un rire démoniaque et disparaît sous un écran de fumée. Vous vous retrouvez seuls. Tu te diriges vers la porte. Est-elle encore coincée par l'arbre ? Pour le savoir...

...TOURNE LES PAGES DU DESTIN.

Si elle s'ouvre, sortez vite de la cabane par le chapitre 89.

Si par contre elle est encore bloquée, allez au chapitre 76.

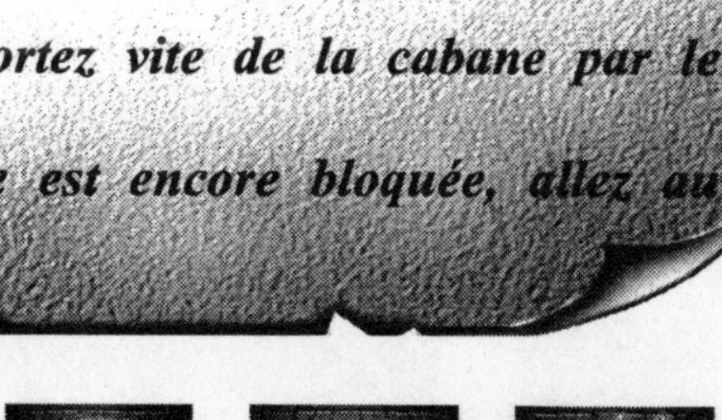

13

Le visage d'un monstre écumant apparaît dans l'ouverture et vous fait sursauter de frayeur...

« MOTS DE PASSE ! » grogne-t-il.

Vous vous regardez tous les trois, ne sachant pas quoi lui dire.

« Mots de passe ? Mots de passe ? essaies-tu de réfléchir. Euh ! La soupe aux têtards, c'est bon froid ! lui lances-tu comme ça, question d'essayer n'importe quoi.

— D'ACCORD ! » fait le monstre en soulevant la clenche du loquet.

CHLIC !

Jean-Christophe et Marjorie te regardent, la bouche béante d'étonnement.

Les gonds de la lourde porte crissent CRRIIII ! et elle s'ouvre.

Le monstre en armure s'écarte de votre chemin. Dans sa main puissante, il tient une massue pourvue de pics. Avec cette arme, il peut vous écrabouiller d'un seul coup. Vous hésitez un peu, mais cette pluie morbide qui vous tombe dessus vous pousse à franchir le seuil de la porte et à entrer...

Entrez au chapitre 17.

14

Arrivé à quelques mètres de la cabane de Maggie, tu t'arrêtes et tu fouilles dans la T.Z.E. Parmi tous les gadgets que Marjorie a fabriqués, tu retrouves un vaporisateur de revenant, une trappe à chauves-souris, des pansements adhésifs anti-morsure-de-vampire, une guimauve explosive...

« VOILÀ CE QU'IL ME FAUT ! t'exclames-tu en prenant délicatement la grosse guimauve molle. Si je me rappelle bien ce que Marjorie m'a expliqué, je dois lancer cette sucrerie très fort sur le mur pour qu'elle éclate. La fumée dégagée par l'explosion va enlever à Maggie tous ses pouvoirs maléfiques pendant une minute. Juste le temps qu'il faut pour libérer mes amis. »

Armé de la guimauve, tu t'approches de la cabane. Des éclairs de lumière apparaissent soudain à la fenêtre et illuminent le brouillard froid qui vient de s'installer dans les bois...

« Ah non, c'est peut-être déjà trop tard ! t'exclames-tu. Elle doit être en train de leur jeter des sorts et de les transformer tous les deux en quelque chose genre crapauds galeux. »

Rends-toi au chapitre 70.

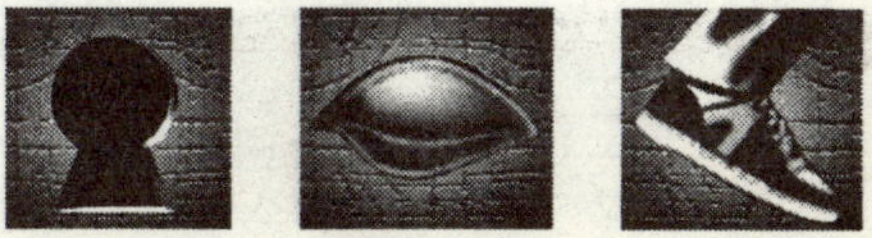

15

Devant le manoir du sorcier Frigonard, vous apercevez une vieille fontaine de granite sculptée. La gorge asséchée par votre marche dans le désert de sable vert, vous accélérez le pas, question de trouver de quoi vous désaltérer. Vous changez vite d'idée lorsque vous vous rendez compte que POUAH ! Une sorte de ragoût brunâtre s'écoule à la place d'une eau claire et limpide.

Tu lances une pièce en souhaitant que votre aventure se termine vite et bien. La pièce tombe dans la fontaine, mais fige sur la surface de la substance.

Tu contournes la fontaine et arrives face à face avec une très vieille sorcière au dos courbé qui t'offre de t'acheter à prix d'or... LES ONGLES DE TES DIX DOIGTS !

« Euh non ! bafouilles-tu. Tu ne t'attendais certainement pas à ce genre de marché. C'est très tentant, mais je m'en sers quelquefois pour me gratter... »

La sorcière te sourit de sa bouche édentée et poursuit son chemin.

Tu te grattes la tête et te diriges vers une des fenêtres de la cabane de Frigonard, au chapitre 25.

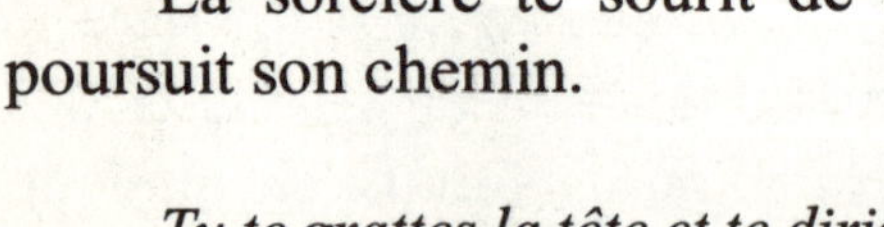

16

La bouteille ralentit et tourne maintenant aussi lentement que l'aiguille qui indique les secondes d'une horloge. Finalement, elle s'arrête et pointe en direction de... MAGGIE !

Une étrange fumée mauve sort par le goulot et se met à tournoyer autour d'elle. Au bout de quelques secondes, Maggie est complètement dissimulée sous un nuage opaque. Elle se met tout à coup à grogner de façon inquiétante. Vous reculez tous les trois le plus loin que vous le pouvez.

Soudain, elle surgit...

Garde ton sang froid et va au chapitre 107.

17

Vous faites seulement quelques pas avant de vous buter à une deuxième porte. Le guichet de celle-ci s'ouvre sans que vous ayez besoin de cogner, et un autre monstre tout aussi répugnant que le premier apparaît dans la petite fenêtre.

« MOTS DE PASSE ? » vous demande-t-il, lui aussi d'une voix rauque.

Jean-Christophe te donne des petits coups de coude et te murmure à l'oreille :

« Vas-y ! Tu as réussi à duper le premier, tente ta chance avec celui-là...

— Moribor le Groll est un farceur, grogne le second monstre qui a entendu Jean-Christophe. C'est plutôt lui qui vous a eus.

HA ! HA ! HA ! »

Derrière vous, Moribor, le premier monstre, rit d'une façon méchante. Il se pourlèche les babines et vous montre ses longues dents jaunes entre lesquelles sont coincés des lambeaux de chair... DE SES DERNIÈRES VICTIMES !

Cesse de frissonner et va au chapitre 50.

18

À ta grande satisfaction, les roues dentées s’activent, se mettent à grincer **CRIIIII** *!* et la porte s'ouvre...

Vous quittez la grotte en catastrophe et vous dévalez le flanc de la montagne jusqu'à un ruisseau situé à l'orée du bois dont vous ignoriez l'existence. Il est trop large pour sauter par-dessus. Vous devez vous mouiller si vous voulez le franchir. Dans l'eau jusqu'aux genoux, vous marchez avec précaution sur le lit glissant du ruisseau. Soudain, l'eau perd sa jolie transparence et devient toute gluante et mauve. Vous essayez de lever un pied pour avancer, mais vous en êtes incapables. Agglutinés tous les trois dans cette glu qui semble vivante, vous flottez au gré du courant qui vous ramène dans la cabane de Maggie Noire, où elle vous attendait.

La glu vous dépose sur le plancher et redevient ensuite une eau limpide et claire.

« Comme vous voyez, avec ma magie, je contrôle toute la forêt, vous avertit Maggie, le visage sérieux. Les arbres, leurs feuilles, leurs racines, les rivières... TOUT ! Alors inutile d'essayer de vous enfuir... »

Retournez au chapitre 4 pour continuer à jouer...

 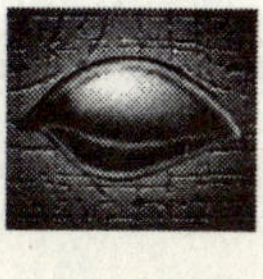 

19

Arrivés dans la cour arrière de ta demeure, vous traversez le jardin de ta mère jusqu'au cabanon qui vous sert de club. Devant la porte, tu saisis le cadenas à numéros et tu fais rapidement la combinaison. Ensuite, tu entres et tu te mets sans perdre une minute à chercher dans le premier volume de l'encyclopédie. Tu voudrais bien mouiller ton doigt dans ta bouche pour feuilleter les pages plus rapidement, mais quelques-unes d'entre elles ont, il y a de cela très longtemps, été... IMBIBÉES DE POISON !

Un simple contact de tes lèvres avec le poison séché, et tout ton corps serait affligé de douleurs atroces. Tu risquerais même de perdre tous tes cheveux et peut-être pire...

« Pas facile de trouver ce que l'on cherche, se plaint Marjorie, qui feuillette, elle aussi, un volume. Tout est classé par désordre alphabétique. Je sais que c'est normal pour une encyclopédie ayant appartenu au diable, mais tout de même... »

Tourne maintenant les pages de ton Passepeur jusqu'au chapitre 77.

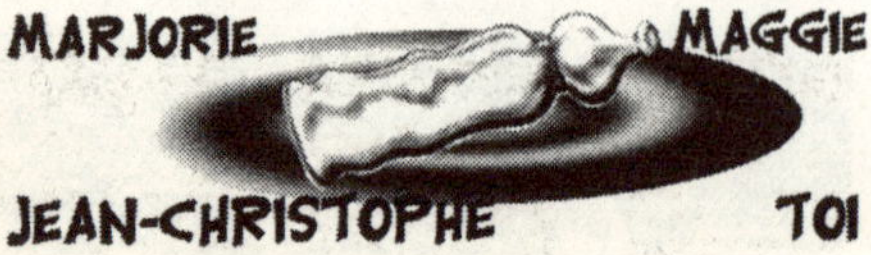

20

La main sans corps te saisit le bras. Marjorie et Jean-Christophe essaient de la forcer à lâcher prise, mais c'est impossible, cette horrible main a une poigne aussi ferme qu'un étau.

Les doigts de la main s'agitent lorsqu'elle monte comme un serpent à ton bras en quête de ton... COU ! Tu voudrais bien crier ta douleur, mais ça ne servirait à rien.

Tu cours dans l'allée en renversant tout sur ton passage **BANG ! CRING ! CRAAAC !** Au fond de la boutique, tu trouves un petit laboratoire dans lequel on pratique la chimie. Il ressemble beaucoup à celui de ton école.

Tu ne reconnais pas les substances bizarres qui mijotent dans les cornues et les éprouvettes, sauf une... la dernière, celle qui contient de l'acide sulfurique. Tu la saisis tout de suite et tu verses quelques gouttes du virulent liquide sur l'horrible main. Elle lâche aussitôt ton bras, tombe, et après d'atroces soubresauts, agonise.

Tu ouvres la porte et vous sortez rapidement du laboratoire pour aller au chapitre 35.

21

Tu as choisi de jouer à la poupée... VAUDOU !

Maggie ferme les yeux et fait ensuite bouger ses doigts à la façon d'un pianiste au-dessus de la petite poupée de chiffon... POUR LUI JETER UN SORT !

À votre grande stupeur, la poupée commence à se mouvoir sur le plancher. Elle lève la tête et te dévisage de ses yeux faits avec des boutons à quatre trous...

« C'EST DE LA SORCELLERIE ! » t'exclames-tu, le visage crispé dans une expression de terreur.

Maggie fouille ensuite dans un petit coffre de bois ciselé et en retire une pelote couverte de longues épingles pointues. Tu as déjà vu ce genre de chose dans des films d'horreur. Elle va planter une épingle pointue dans le corps de la poupée et quelqu'un va se tordre de douleur. Il s'agit de savoir à qui appartient cette mèche de cheveux cousue sur la tête de la poupée...

Si tu n'as pas peur, rends-toi au chapitre 82.

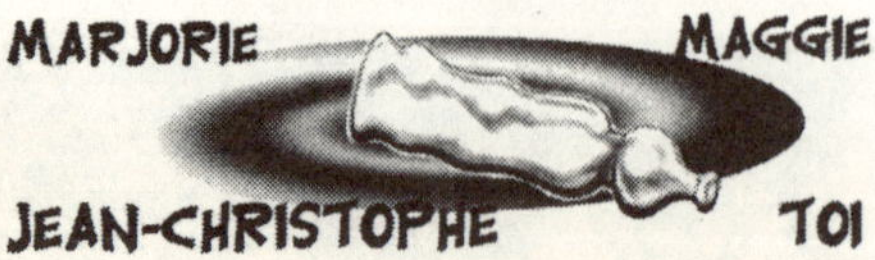

22

Le chef des ogres émet un rot percutant ROOOOOT !

C'EST LE SIGNAL...

Vas-tu réussir à renverser les quatre champions et à remporter la partie ? Pour le savoir, garde en mémoire le numéro de ce chapitre et ferme ton Passepeur. Ensuite, pose-le debout devant toi...

Si tu réussis à compter jusqu'à dix avant que ton livre tombe, eh bien tu as gagné. Alors rends-toi au chapitre 72.

Si par contre, ton Passepeur est tombé avant que tu aies fini de compter, tu as été vaincu. C'est au chapitre 40 que t'entraîne ta défaite.

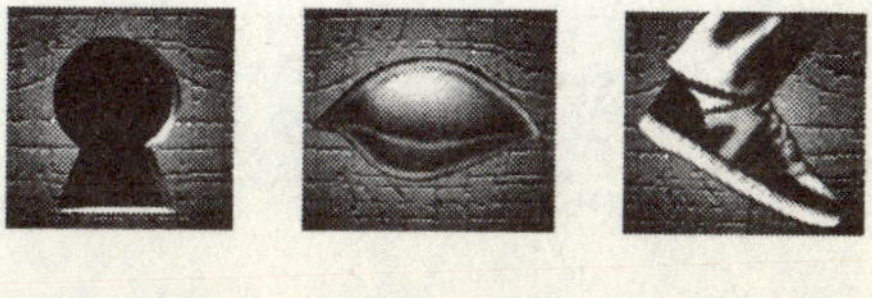

23

Tu l'as aperçu entre les arbres ! Lentement, sur la pointe des pieds, tu quittes discrètement cette partie de la forêt en t'arrêtant derrière chaque arbre pour te cacher. Il semble bien que, cette fois-ci, tu as réussi à le semer. C'est une chance que tu l'aies vu...

Au-dessus de ta tête, une nuée de chauves-souris poussent des cris effrayants SRIII ! SRIII !

Tu marches encore de longues minutes sans réussir à sortir de ces bois maudits. Finalement, tu es attiré par un grondement lointain. C'est le son des moteurs de voitures qui roulent rapidement.

UNE AUTOROUTE ! Enfin la civilisation...

Confiant de te retrouver bientôt en sécurité, tu cours le long d'un chemin forestier. Plus loin, tu arrives, à ton grand désarroi... DEVANT LA CABANE DE MAGGIE !

Grâce à une de ses potions, elle a réussi à imiter le bruit des voitures et à t'attirer vers sa cabane. Toi qui te croyais sorti d'affaire, tu es tombé dans le panneau...

Tu n'as plus d'autre choix que de retourner au chapitre 4 et choisir un autre jeu...

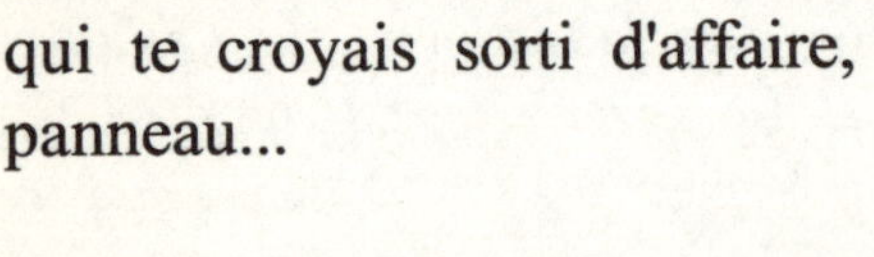

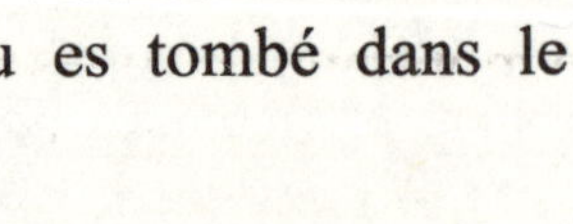

24

Tu es entraîné contre ton gré dans l'ascenseur. Maggie presse sur un bouton. Vous montez comme une fusée les 181 étages, en sept dixièmes de seconde ZOOOUUUMM !

La porte s'ouvre sur un long corridor. Le plancher est bien ciré et les murs sont impeccablement propres. C'est plutôt inusité, car le repaire d'une sorcière est habituellement un endroit sombre et poussiéreux. Au bout du corridor, Maggie pousse deux portes battantes et vous pénétrez dans son grand bureau. Les deux gardes te posent par terre. Maggie s'installe derrière son grand bureau en acajou et presse sur un bouton. Tu recules d'un pas. Les gardes se mettent entre toi et la porte.

Tout autour de la pièce, des plafonniers clignotent et illuminent une série de tubes cryogéniques dans lesquels des personnes sont tenues en état de congélation.

« C'est ma collection privée, te dit Maggie, gonflée d'orgueil. Les deux que tu vois ici, rajoute-t-elle en te montrant les tubes posés sur un grand piédestal, sont ceux qui m'ont donné le plus de fil à retordre. Je crois que tu vas les reconnaître... »

Vois de qui il s'agit au chapitre 32.

25

Par la fenêtre, vous apercevez un vieil homme rabougri. Sa longue chevelure et sa longue barbe blanche sont pleines de nœuds. De la fenêtre, vous observez son manège. Les deux mains élevées au-dessus de la tête, il récite une incantation. Ouvert devant lui sur un piédestal repose un très ancien grimoire aux pages jaunies. Il est entouré d'une multitude de chandelles qui projettent sur le mur les ombres inquiétantes des spectres qui semblent habiter le vieux bouquin.

Vous sentez soudain une force vous soulever tous les trois. Les deux pieds qui ne touchent plus la terre ferme, tu cours dans le vide. Vous flottez ainsi jusqu'au sorcier en passant à travers les murs de bois.

« Je sais pourquoi vous êtes ici, dit le vieil homme sans attendre. Déliez ces nœuds sur ma tête, ils m'empêchent de bien réfléchir, et je vous aiderai. »

Après vous être acquittés de cette difficile tâche, vous buvez, comme promis, une potion infecte qui vous ramène comme par enchantement au chapitre 4. Vous êtes revenus à votre point de départ, mais au moins, maintenant, vous savez qu'avec les osselets... VOUS NE TERMINEREZ POINT CETTE AVENTURE !

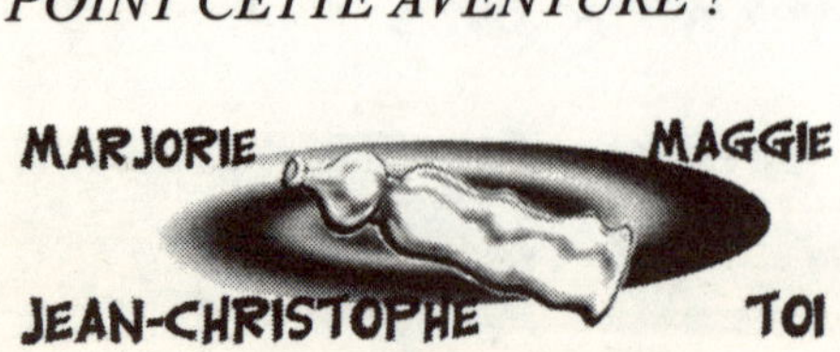

26

« Aide-moi, s'il te plaît, dit ensuite une petite voix. Je t'en prie... »

Tu reconnais la voix de Maggie. Essaie-t-elle de te tendre un piège ? Ou peut-être est-elle vraiment en danger ? Avec cette foutue noirceur, impossible de voir quoi que ce soit.

Au diable le danger, tu te rends jusqu'à elle en te laissant guider par ses plaintes.

« Allez-vous un jour me pardonner pour ce que j'ai fait ? pleurniche-t-elle. J'étais sous l'emprise de l'ombre de la sorcière Frénégonde, elle contrôlait mon esprit et me poussait à faire toutes ces méchancetés.

— La sorcière du manoir Raidemort ? répètes-tu, frappé de stupeur. Elle est encore vivante ?

— Non, mais son ombre vit toujours, t'avoue Maggie. Pour se débarrasser à tout jamais d'une sorcière, il faut aussi détruire son ombre. Comme la nôtre, l'ombre de la sorcière apparaît seulement lorsqu'il y a de la lumière. Si nous restons dans la noirceur, nous n'avons rien à craindre.

— Si ce que tu me racontes est vrai, lui dis-tu, alors j'ai un plan. Écoute bien ! »

Rends-toi au chapitre 115 et mets-le à exécution...

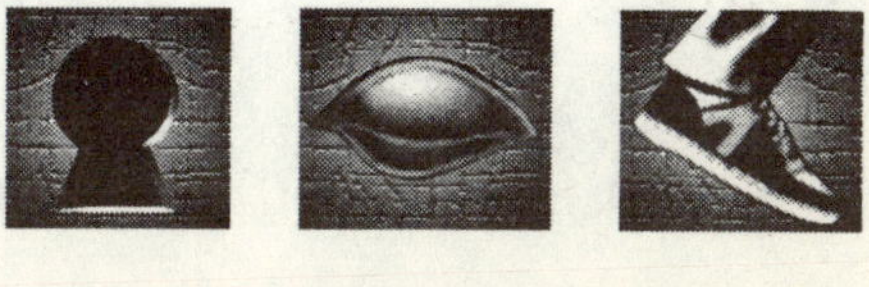

27

Tu te rends vite à l'évidence : si tu ne réussis pas à trouver ce stupide oiseau, tu vas passer le reste de ta vie ici.

Avec la promesse de ne pas t'enfuir, elle te laisse partir vers le sommet de la verte colline où sont alignées la plupart des pierres tombales. Frénétique, tu creuses avec une pelle chacune des fosses et tu ouvres tous les cercueils. Tu n'y trouves que de vieux os et des vêtements pourris.

Dans le coin le plus sombre et le plus éloigné du cimetière, tu remarques qu'un chat attend bien sagement au pied d'un arbre mort. Tu lèves les yeux et aperçois le perroquet effrayé. Il est perché à la cime de l'arbre. Tu chasses le chat et tu grimpes à l'arbre.

Tu étends le bras vers l'oiseau. Vas-tu réussir à l'attraper ? Pour le savoir...

... TOURNE LES PAGES DU DESTIN.

Si tu réussis à l'attraper, rends-toi au chapitre 98.

Si par contre, il s'envole avant que tu lui mettes le grappin dessus, va au chapitre 79.

28

Tu réussis à monter rapidement jusqu'au sommet de la tour. La glace dans laquelle le jeu du Bec de la gargouille se trouve est presque complètement fondue grâce à la chaleur de ton feu. Tu jettes un coup d'œil à la vue imprenable que t'offre cette haute tour. Des dunes blanches balayées par le vent s'étendent à perte de vue. C'est le Pôle Nord sans aucun doute, mais de quelle planète ou de quel monde ? ? ?

Tu saisis le jeu du Bec de la gargouille et tu redescends. En bas, tu le poses près du feu pour le faire sécher, car mouillé comme il est, il t'est impossible de le manipuler. Cinq minutes plus tard, il est aussi sec qu'une croustille.

Tu glisses pouces et index à l'intérieur. Tu épelles « mauve mutant » à voix haute. Pour savoir ce que tu vas obtenir...

...TOURNE LES PAGES DU DESTIN.

Si dans le jeu du Bec de la gargouille, tu retrouves... UNE CHAUVE-SOURIS, rends-toi au chapitre 30.

Si par contre, tu es tombé sur le crâne humain, va au chapitre 87.

29

« NON ! »

FIN

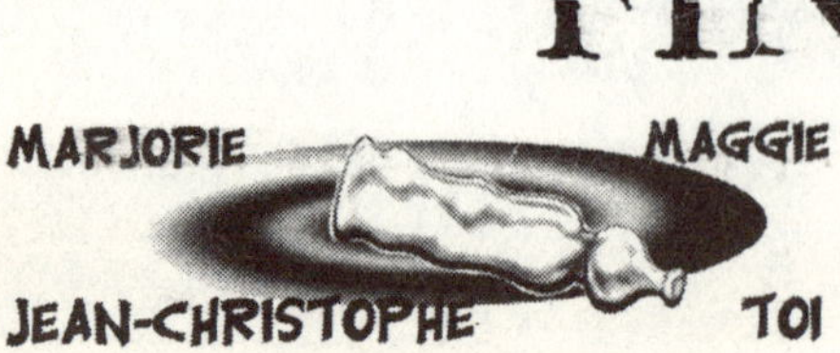

30

Un chuchotement inquiétant parvient à tes oreilles. Tu poses tes mains sur tes oreilles pour ne pas l'entendre, mais rien à faire, c'est comme si ça provenait de l'intérieur de ta tête.

« Prépare-toi ! te murmure cette voix. Prépare-toi... »

Dans un fracas monstre **GROOOOUMMM !** un gouffre béant s'ouvre devant tes pieds. Tu recules jusqu'au mur où tu réussis à t'agripper à la grille d'une fenêtre. Les pieds suspendus au-dessus d'un tourbillon de lave bouillonnante, tu essaies de te hisser jusqu'à l'extérieur. Tes mains commencent à geler et ne répondent plus à ton désespoir... TU TOMBES !

Tu fermes les yeux et tu cries à tue-tête.

« AAAAAAAAHHH ! »

À ta grande stupeur, tes pieds touchent un sol dur et sec. Tu ouvres les yeux... TU ES REVENU DANS LA CABANE DE MAGGIE !

« T'as eu chaud au Pôle Nord ? se moque Maggie, en te voyant tout en sueur. Ce n'est rien à comparer à ce qui t'attend, car ton tour n'est pas terminé. »

Retourne au chapitre 4 et choisis un autre jeu...

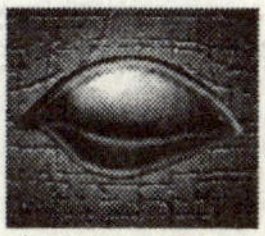

31

Regarde bien cette illustration de la porte...

Pour réussir à l'ouvrir, devrais-tu tourner la manivelle dans le sens des aiguilles d'une montre ? Si oui, rends-toi au chapitre 7.

Si tu crois cependant que tu devrais tourner la manivelle dans l'autre sens, va au chapitre 18.

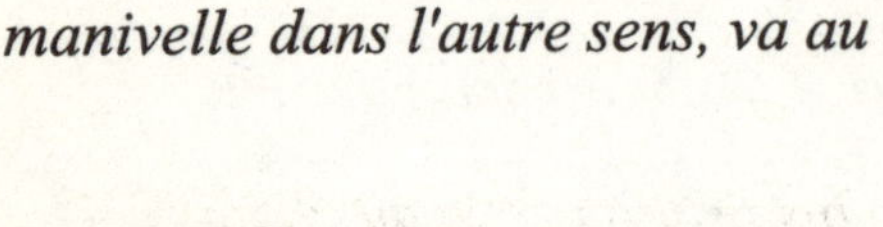

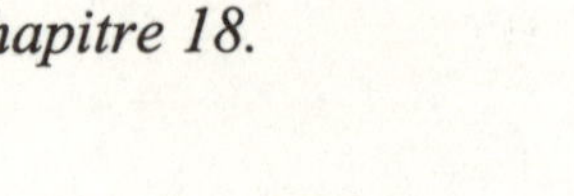

32

CE SONT MARJORIE ET JEAN-CHRISTOPHE ! Prisonniers dans une espèce de liquide rose, ils ont le regard figé comme sur une photographie.

« Qu'est-ce que tu leur a fait, t'indignes-tu en t'approchant des deux tubes. Depuis combien de temps sont-ils dans cet état ?

— En fait, tu tombes pile, nous allions justement fêter le cinquième anniversaire de leur congélation aujourd'hui. Il faut fêter ça non ? Pour commémorer l'événement, j'ai pensé leur offrir un petit cadeau et du même coup... COMPLÉTER MA COLLECTION ! »

Elle appuie sur un deuxième bouton et **SHHHH !** une partie du plancher s'ouvre et un autre tube apparaît.

Tu comprends assez vite que le cadeau en question est le troisième membre de la bande des Téméraires... TOI !

Maggie Noire te fait un sourire puis ordonne à ses gardes de s'emparer de toi.

« J'Y VAIS ! leur cries-tu en mettant tes deux mains devant les torses gonflés des gardes. JE N'AI PAS BESOIN DE VOTRE AIDE... »

Prends une grande inspiration et va au chapitre 41.

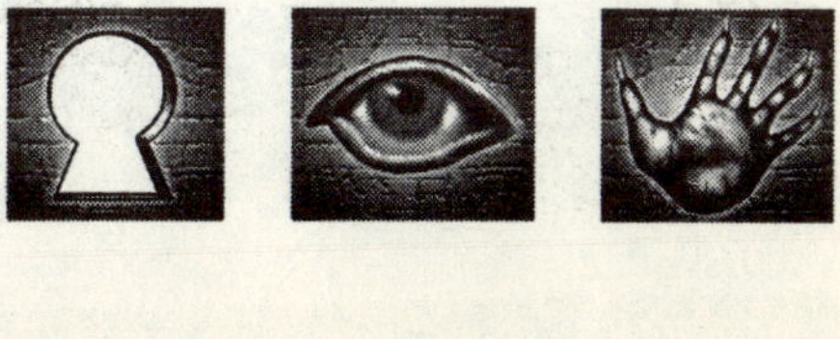

33

À mesure que tu avances dans la montagne, la progression des chevaux se fait plus ardue. Lorsque tu t'arrêtes pour évaluer la distance qui te reste à parcourir, un grondement semblable au tonnerre survient.

BROOUUUMMMM !

C'EST UNE AVALANCHE !

Des tonnes de neige déferlent sur le flanc de la montagne. Tu essaies de rebrousser chemin, mais la route est trop étroite. Il faut que tu quittes en vitesse cet endroit, mais comment ? Il te vient une idée lorsque tu aperçois un long bouclier ovale accroché sur le côté de la voiture. Tu regardes tristement les chevaux, car tu dois les abandonner à leur sort.

N'ayant plus une seconde à perdre, tu t'élances sur la pente en te servant du bouclier comme planche à neige. L'avalanche fait rage juste derrière toi. Tu fais du slalom entre des sapins abattus aussi facilement que des cure-dents par les bancs de neige en furie.

Une rampe de glace t'envoie planer dans les airs jusqu'au chapitre 113.

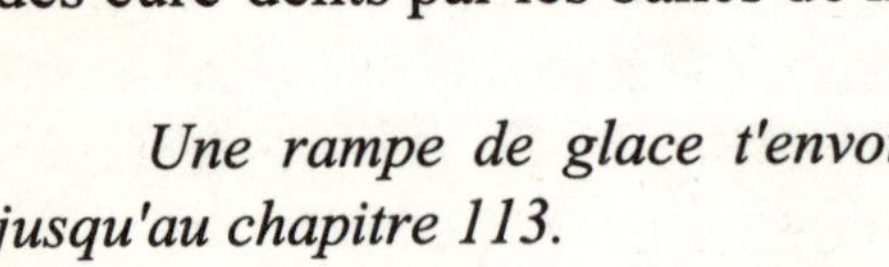

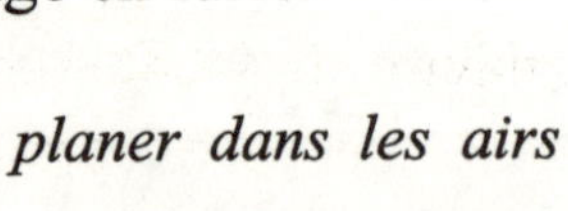

34

Grâce à ses pouvoirs maléfiques, Maggie t'a expédié dans une espèce d'auberge en plein cœur d'un monde étrange. L'endroit est bondé d'ogres hirsutes et terrifiants. Les monstres sont assis devant des chopes de bière. Ils ripaillent et se tiraillent. Un lugubre silence s'installe lorsqu'ils t'aperçoivent au milieu de la salle...

Tu recules vers la sortie en t'excusant. Deux ogres dégainent leurs sabres et les croisent devant la porte.

« Bon d'accord, si vous insistez, je vais rester un petit peu, leur dis-tu. Mais je vous préviens, je n'ai pas l'âge de fréquenter ce genre d'endroit. »

Un grand ogre avec des bras aussi gros que des troncs d'arbres se lève et marche vers toi. Son poids fait craquer les planches d'une façon sinistre.

CRAAAC ! CRAAC !

Il crache par terre, entre tes deux jambes, un gros glaviot et il colle son nez sur le tien. Tu trembles de tout ton corps, car tu sais très bien que ces cruelles créatures se nourrissent de chair humaine.

Rends-toi au chapitre 66, si tu en es capable...

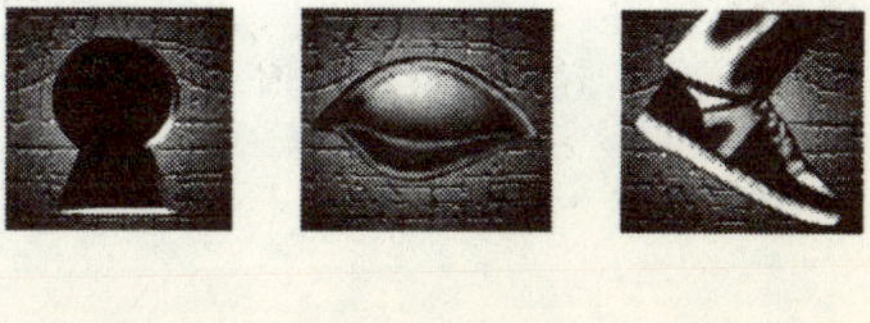

35

En sortant du labo, vous êtes stoppés par un mur de feu qui va du plancher au plafond. Les pots que tu as renversés plus tôt ont répandu leurs liquides sur le plancher. Mélangés les uns aux autres, ils se sont ensuite enflammés. À cause de toi, toute la boutique est la proie des flammes.

De l'extérieur parvient à vos oreilles la voix rageuse du gnome :

« Si jamais j'attrape ces trois galopins, je les fais bouillir dans la marmite du village... »

Jean-Christophe et Marjorie se regardent, ne sachant que faire.

Tu arraches du mur une tapisserie, qui va vous servir à vous protéger des flammes. Dissimulés sous elle, vous réussissez à sortir, mais vous tombez dans les bras d'une meute de gnomes enragés. L'un d'eux lance à votre visage une poudre brillante, et vous sombrez dans un profond sommeil.

Tu te réveilles avant tes amis, complètement détendu par l'eau chaude de ce bain à remous dans lequel il vous a assis tous les trois. Un savon orange flotte et arrive vers toi. Tu remarques à ton grand dégoût qu'il s'agit en fait... D'UNE CAROTTE !

FIN

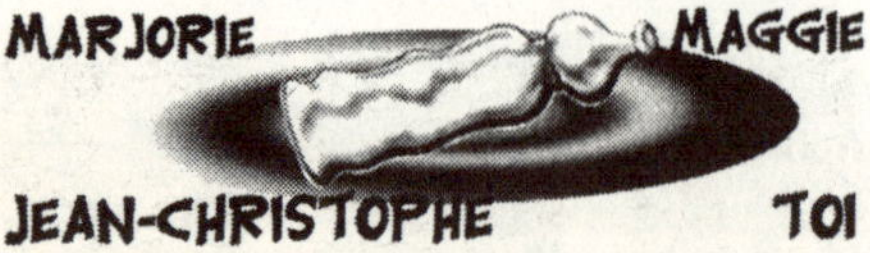

36

Vous survolez la ville à la recherche d'une première victime. Sur le coin de la rue Mortdepeur, une dame attend l'autobus à un arrêt. Vous piquez tous les trois du nez et vous vous jetez vers elle. Elle vous a aperçus. Elle plonge sa main dans sa bourse pour en ressortir un crucifix qu'elle pointe dans votre direction. Vous fuyez en vous envolant.

Assis sur le banc d'un parc, un couple de jeunes amoureux s'embrasse. Vous plongez vers eux, toutes canines sorties. Le garçon sort rapidement de son sac à dos un vaporisateur rempli d'eau bénite et vous asperge. Ça brûle de partout !

Pendus sous la branche d'un arbre, vous essayez de reprendre votre souffle lorsqu'une petite fille s'élance à votre poursuite, munie d'un pieux de bois, avec la ferme intention de vous l'enfoncer en plein cœur. Vous vous envolez juste à temps.

Tu comprends maintenant que, dans ce passé dans lequel Maggie t'a expédié, tous les gens de Sombreville sont des chasseurs de vampires. Ils ont ça dans le sang, comme on dirait. Et une de ces nuits... ILS VOUS AURONT TOUS LES TROIS !

FIN

37

« HA ! HA ! HI ! »

Tu ris aux éclats, car parmi toutes les blagues que tu as entendues, celle-ci vient en tête de liste de ton long palmarès de blagues hilarantes.

Marjorie et Jean-Christophe s'esclaffent à leur tour, si bien qu'ils ont vite mal à la mâchoire.

« HIIII ! HIIII ! HI ! »

Les parois de la grotte amplifient tellement vos rires que des petites pierres et de la poussière commencent à se détacher de la voûte. Tu te dis qu'il faut t'arrêter sinon la catastrophe sera inévitable. Tu essaies, mais tu es incapable de t'enlever de la tête cette histoire de pet à l'odeur de banane.

« HAA ! HA ! HA ! HA ! »

La forte vibration fait dévaler des roches de plus en plus grosses. Finalement, un éboulement survient et vous ensevelit sous des tonnes de pierres. Allez-vous vous en sortir ? ? ? NON !

Maggie t'avait bien dit que c'était une devinette à... MOURIR DE RIRE !

FIN

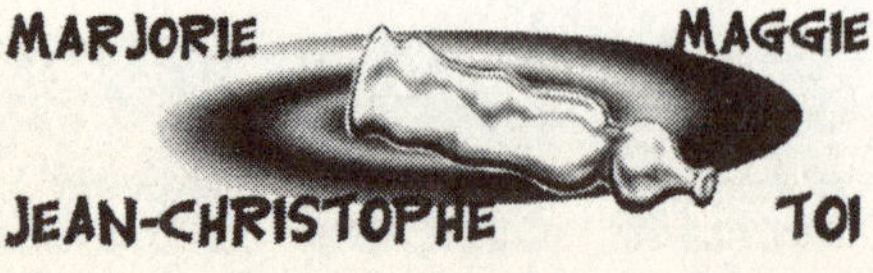

38

Avant que tu aies touché à la bouteille, elle se met à tourner sur le plancher d'elle-même. Maggie, le visage livide, te fixe du regard. Ses yeux, d'une dimension démesurée, brillent d'une lumière qui semble provenir tout droit des confins de l'enfer. Tu sens tes cheveux qui se hérissent sur ta tête...

La bouteille tourne toujours. Tu voudrais croiser les doigts comme tu fais tout le temps, mais tu n'oses pas bouger un seul muscle, de peur d'attirer l'attention de cette bouteille aux formes étranges qui est sans aucun doute... MALÉFIQUE !

Sur qui va-t-elle pointer son goulot lorsqu'elle s'arrêtera ? Pour le savoir...

... TOURNE LES PAGES DU DESTIN.

Si elle pointe Maggie Noire, rends-toi au chapitre 16.

Si son goulot pointe plutôt vers toi, va au chapitre 47.

Si la bouteille pointe en direction de Marjorie, va au chapitre 3.

Si elle pointe Jean-Christophe, va vite au chapitre 10.

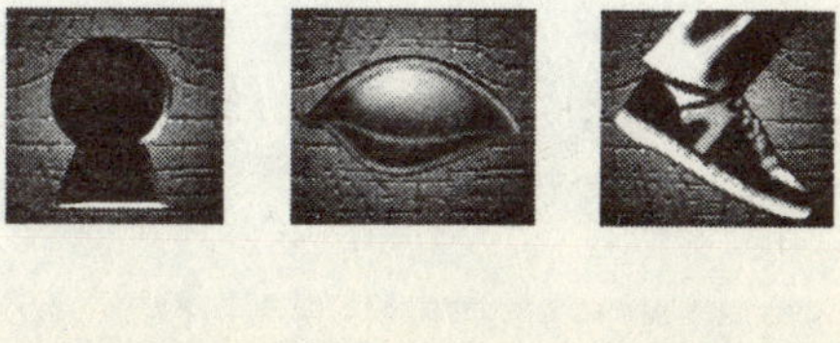

39

Tout se met soudain à tourner autour de toi et si vite que tu ne distingues plus rien. Au bout de quelques secondes, tout s'arrête et tu te retrouves en train de manger quelque chose dans un endroit qui t'est familier.

Tu reconnais tout de suite le Diabolo Burger. C'est le resto fast-food du coin. Jean-Christophe et Marjorie sont assis en face de toi. Tu craches ce que tu as dans la bouche...

« Eh là ! fais attention, te réprimande Jean-Christophe, tu en mets partout. Il n'est pas bon, ton hamburger ?

— Pouah ! Non, il est plein d'asticots, lui montres-tu en pointant ton assiette.

Ton ami étire le cou et hausse les épaules.

— Eh bien quoi, il est comme tu l'aimes, ton asticot-burger. »

Une multitude de petits vers blancs se promènent dans ton assiette. Tu montres ton assiette à Marjorie. Elle non plus ne semble pas répugnée par ces vers...

Tu cherches à comprendre ce qui se passe. Tu regardes l'horloge du restaurant et tu réalises que tu es revenu dans un passé différent et horrible. Les lieux et tes amis ne sont plus tout à fait les mêmes...

Rends-toi au chapitre 111.

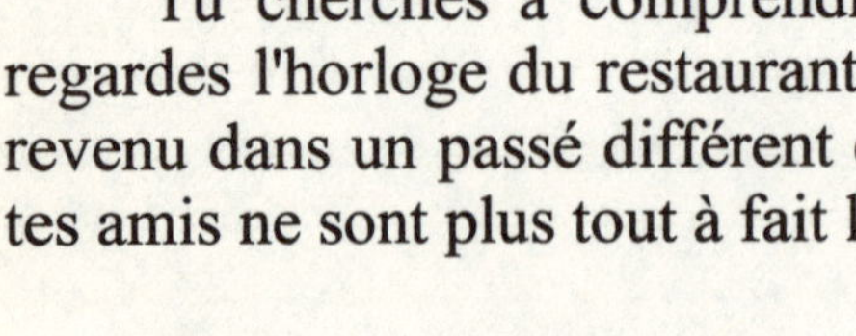

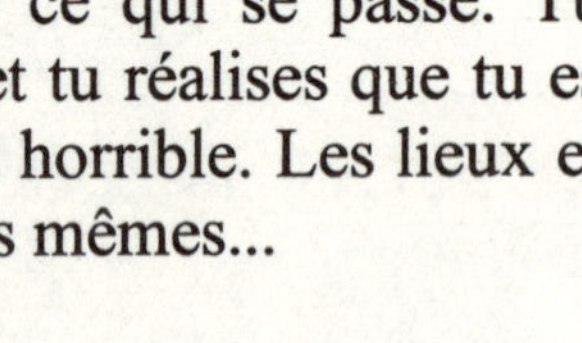

40

TU AS PERDU !

Un des quatre ogres qui réclame son prix te saisit en criant victoire.

AAAAAAAAHHH !

Les autres veulent leur part aussi et te tirent de leur côté. Ils se mettent tous à hurler autour de toi. Un grondement semblable à un roulement de tonnerre s'ensuit lorsque la bagarre éclate...

Un ogre abominable fracasse une chaise sur le dos bossu de ton agresseur. Libre, tu te faufiles entre les pattes des tables en direction de la sortie. Tu dois rebrousser chemin jusqu'au bar lorsque la porte de l'auberge s’ouvre et que d'autres ogres portant des fourrures d'animaux arrivent. Ils sautent dans la mêlée avec leurs chaînes et leurs massues en hurlant des jurons. Tu lèves la tête, l'auberge grouille de monstres enragés qui se battent. Une bouteille de rhum vole dans ta direction. Tu baisses la tête juste à temps. Elle se brise sur une colonne, et son contenu t’asperge.

Tu réussis à te faufiler à l'extérieur, où tu constates avec stupeur que de l'autre côté de la porte... C'EST TA CHAMBRE !

Stupéfié, tu te rends au chapitre 74.

41

Tu te diriges lentement vers le tube. Maggie te croit résigné à t'immerger. Elle te regarde tout étonnée de voir que tu collabores de cette façon.

« Je vois que le dernier membre des Téméraires ne manque pas de bravoure, te dit-elle en retenant d'un geste de la main ses gardes. C'est très dommage que nous ne soyons pas du même côté, c'est à dire du côté... NOIR ! »

Pendant qu'elle continue de parler, tu contournes lentement le tube.

« Ensemble, nous aurions fait une équipe du tonnerre, poursuit-elle, sans s'apercevoir que tu poses les deux mains sur le verre. Nous aurions pu régner comme des maîtres sur tout Sombreville.

— ÇA JAMAIS ! » lui cries-tu au moment où tu fais basculer le tube cryogénique. Il tombe et se fracasse sur le plancher.

BRAOUUMM !

Le liquide rose se répand vite sur le sol. Maggie saute sur son pupitre. Les deux gardes foncent sur toi et posent les pieds dans le liquide qui est à moins 50 degrés. Ils sont immédiatement transformés en glaçons.

File vite au chapitre 80.

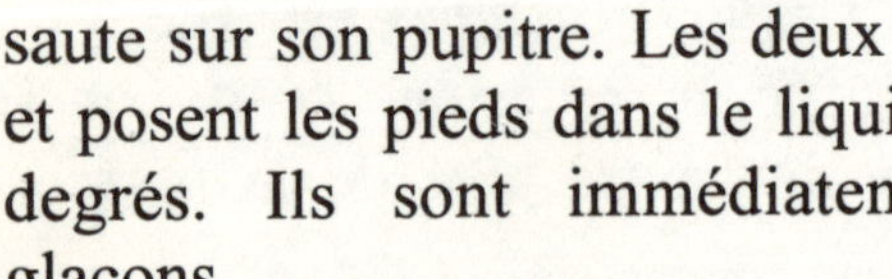

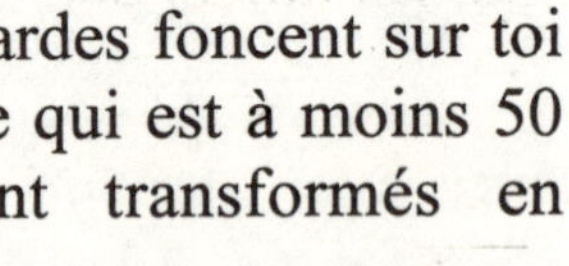

42

« OÙ SONT PASSÉS LES AUTRES ? s'exclame Marjorie, apeurée, OÙ SONT-ILS ? » demande-t-elle à Maggie qui, agenouillée sur le plancher, reste muette.

Le visage caché par ses cheveux noirs, elle demeure immobile...

Affolés, vous vous élancez vers la porte qui, curieusement, ne s'ouvre plus. Tu écartes les vieux rideaux en lambeaux et remarques, stupéfait, qu'un arbre vient de pousser de façon magique devant la porte et vous empêche de sortir.

Marjorie essaie d'ouvrir une fenêtre, mais des racines tortueuses la retiennent solidement fermée...

Vous vous tournez tous les trois vers Maggie. Elle sort lentement d'une pochette de velours mauve des trucs bizarres qu'elle étale devant elle sur le plancher...

Les cheveux noirs hérissés comme si elle s'était mis les doigts dans une fiche électrique, elle vous dit, avec une voix qui ne semble pas être la sienne :

« VEENEZ JOOUUER AVEC MOOOI ! »

Poussés par une force magique, vous êtes contraints à vous agenouiller face à elle au chapitre 4.

 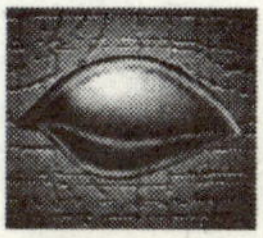 

43

Jean-Christophe et Marjorie quittent le restaurant en direction de la Forêt du pendu. Comme un automate, tu les suis en cherchant une façon de revenir dans le présent que tu connais et que tu aimes. Ce n'est pas possible de rester dans ce passé dans lequel tes amis sont des monstres assoiffés de sang. En plus, tu ne fais même pas partie de la bande des Téméraires.

C'est seulement lorsque tu aperçois Maggie sur le porche de sa vieille cabane que tu te rends compte que tes problèmes sont loin d'être terminés. Avec ses longs doigts, elle ouvre et referme son ignoble jeu du Bec de la gargouille pour chacune des lettres de la couleur que tu avais choisie... ROUGE SANG ! Lorsqu'elle arrive à la lettre G, elle s'arrête, te tend son jeu et te demande de continuer la partie...

Maintenant, TOURNE LES PAGES DU DESTIN...

Si dans le petit jeu de papier il y a... UNE CHAUVE-SOURIS, rends-toi au chapitre 51.

Si par contre, tu es tombé sur le crâne humain, va au chapitre 81.

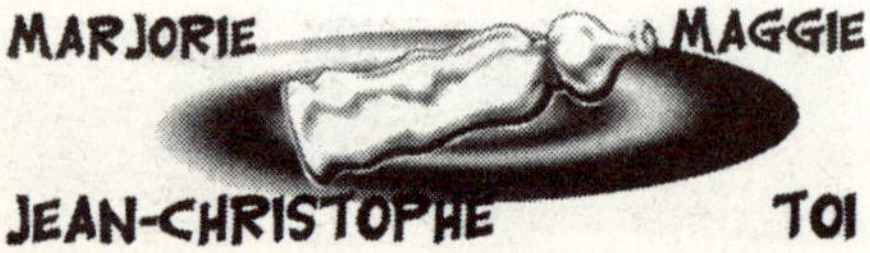

44

À l'école, la cloche du midi sonne enfin.

DRIIIIIING !

Tu quittes la classe en traînant les pieds pour te diriger vers ton casier. Tu fais un petit détour par la cafétéria pour demander à Jean-Christophe de te réserver une place entre lui et Marjorie

Comme tu le fais toujours, tu regardes par-dessus ton épaule pour t'assurer que personne ne voit les trois numéros de ton cadenas à combinaison.

Tu ouvres ton casier et découvres horrifié qu'il est sens dessus dessous. Tes devoirs et tes cahiers sont déchirés, les mines de tes crayons à colorer sont toutes brisées et, par-dessus tout... QUELQU'UN A BOUFFÉ TON SANDWICH !

« Mais c'est impossible ! t'exclames-tu, tout hébété. Mon casier était verrouillé. »

C'est lorsque tu te mets à réfléchir que tu te rends compte qu'une seule personne pouvait faire tout ça sans l'ouvrir... UNE SEULE GROSSE PERSONNE !

FIN

45

Tu cherches, en tâtonnant avec tes mains, l'échelle qui va te permettre d'atteindre le couvercle du trou d'homme et de sortir de cet égout puant.

Vas-tu réussir à la trouver dans le noir ? Pour le savoir, souviens-toi du numéro de ce chapitre, c'est le 45, et ferme ton Passepeur. Ensuite, ferme les yeux et fait tourner ton livre plusieurs fois dans tous les sens. Au bout de trente secondes, arrête-toi...

Maintenant, il s'agit de trouver, en gardant toujours les yeux fermés, le mot Passepeur en tâtonnant la couverture de ton livre. Il est écrit avec des grosses lettres faites de vers dégoûtants. En même temps que tu cherches, imagine que... LES RATS PASSENT À TES PIEDS !

Lorsque tu crois l'avoir trouvé, OUVRE LES YEUX !

Si tu l'as trouvé, bravo ! Tu as aussi mis la main sur l'échelle. Grimpe au chapitre 90.

Si par contre, tu ne l'as pas trouvé, tu n'as pas non plus découvert l'échelle. C'est malheureux, mais dans ce cas-ci, tu dois aller au chapitre 109.

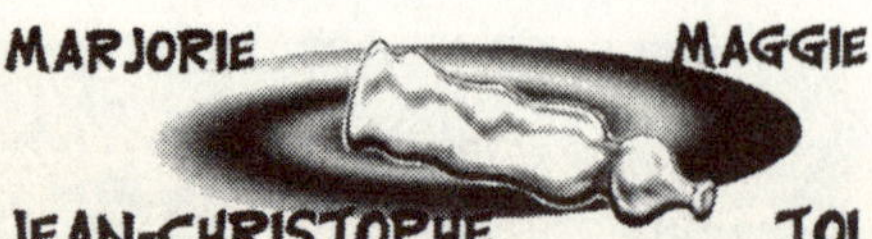

46

Tu te dis que la banquise s'étend sur plusieurs kilomètres et qu'elle est suffisamment vaste pour rester le plus loin possible de lui. Mais tu oublies que lorsque vous atteindrez une zone plus clémente et une mer plus chaude, les glaces de la banquise se mettront à fondre très vite et la banquise rétrécira et rétrécira jusqu'à ce quelle devienne aussi petite... QU'UNE ASSIETTE !

FIN

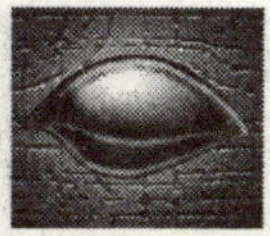

47

La bouteille ralentit, fait un dernier tour puis s'arrête et pointe directement... VERS TOI.

Une fumée verdâtre commence à s'échapper du goulot et une voix caverneuse se fait entendre...

« JE T'ORDONNE D'EMBRASSER UN ZOMBIE !

— EMBRASSER QUI ? répète Marjorie, un zombie ! »

La fumée se fraie ensuite un chemin entre toi et Marjorie puis disparaît entre les planches disjointes du sol. Des grognements proviennent soudain de sous la cabane.

« GROUUUU ! GRRRR ! »

Maggie rit à gorge déployée HA ! HA ! HA !

Le plancher se met ensuite à vibrer. Une main osseuse fracasse une planche CRAC ! et surgit. Deux autres planches cèdent CRAAAC ! et un corps mutilé par des milliers de vers apparaît... UN ZOMBIE !

Des frissons épouvantables te traversent le dos lorsqu'il avance vers toi en faisant une moue affectueuse afin de te donner... LE BAISER DE LA MORT !

Rends-toi au chapitre 95.

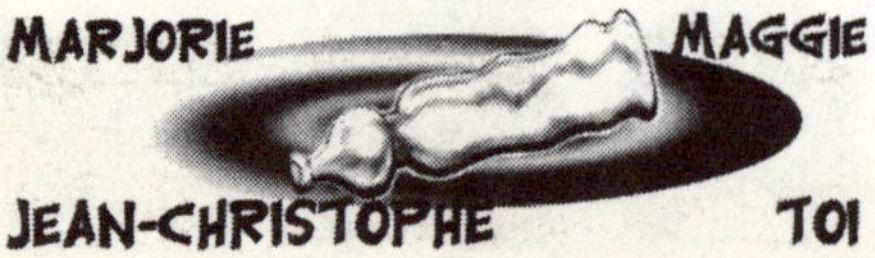

48

Tu contournes les arbres morts et les pierres tombales en vitesse.

« Il faut que je me trouve un endroit où il leur sera impossible de me trouver », te dis-tu en cherchant bien.

Un zombie qui t'a entendu sort de sa cachette...

« Jeuuu connais un tel endrroit », te dit-il d'une voix des plus funèbres.

Il te conduit jusqu'à une sépulture creusée dans un champ désert. Au fond, il y a un vieux cercueil de bois vide. Par l'odeur, tu sais qu'il a déjà servi.

« POUAH ! » fais-tu en te pinçant le nez.

Le zombie te pousse à l'intérieur et ferme tout de suite le couvercle. Avec une pelle, il frappe sur chacun des clous rouillés **BANG ! BANG ! BANG !** et te voilà enfermé.

Tu entends chacune des pelletées de terre qui heurte ton cercueil tout au fond de la fosse. Au fur et à mesure qu'elle se remplit, le bruit s'estompe...

Tu voulais un endroit où personne ne pourra jamais, JAMAIS ! te trouver... TON VŒU A ÉTÉ EXAUCÉ !

FIN

49

D'étranges gargouillis résonnent soudain dans tout le club.

GLIOUUUB ! GLOUB !

Tu en cherches la provenance et constates au bout d'un petit moment que ça semble provenir... DE TON ESTOMAC !

Un autre horrible gargouillis survient **GLIUURB !** et te le confirme...

TU T'ES EMPOISONNÉ AVEC LES PAGES DE L'ENCYCLOPÉDIE !

Ton corps est soudain traversé par une multitude de petits chocs électriques douloureux. Dégoûtés, tes amis Marjorie et Jean-Christophe s'éloignent, car déjà des changements s'opèrent en toi. Tes cheveux deviennent roses et tu dégages une curieuse odeur de gomme balloune. La transformation terminée, tu essaies de voir le bon côté des choses en te disant que ça aurait pu être pire. Tu trouves un miroir et remarques qu'en plus, tu te retrouves maintenant avec... TROIS NEZ !

C'est vrai que ce n'est pas si pire, mais vas-tu survivre à ton premier rhume ?

FIN

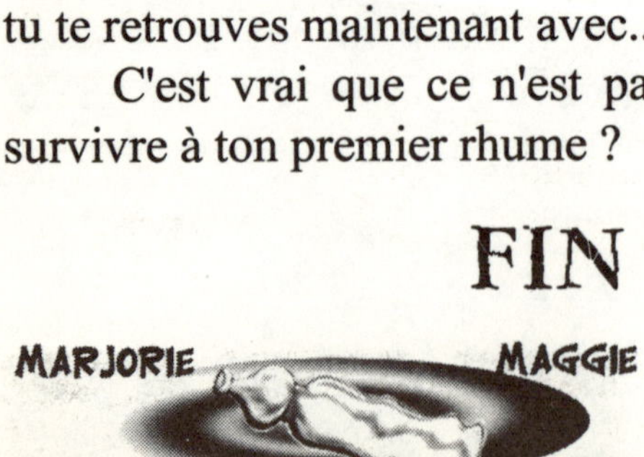

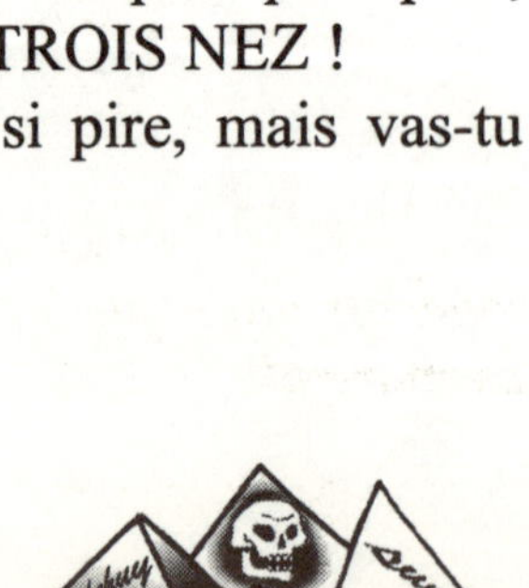

50

« Moribor laisse entrer tout le monde, peu importe les mots de passe qu'on lui donne, vous explique le second Groll. C'est sa façon à lui de s'assurer qu'il ne manque pas de nourriture. Oui, Moribor se régalera si vous restez prisonniers entre les deux portes. Vous devez trouver les BONS mots de passe cette fois-ci si vous voulez la franchir. »

Tu examines la porte et remarques tout à coup que les mots de passe ont été gravés dans la langue des sorcières, sur les vieilles planches, entre les ferrures.

« ALORS ÇA VIENT ? » s'impatiente derrière vous Moribor en balançant sa massue.

« Tu n'auras pas la chance de nous croquer, sale Groll ! » l'invective Marjorie.

Elle s'agenouille devant la porte et met toute sa concentration sur les signes étranges à décrypter au chapitre 69.

51

C'EST LA CHAUVE-SOURIS !

Tu croises les bras et te prépares à faire un autre voyage dans une autre époque ou une autre dimension. Pourvu que ça ne soit pas trop loin dans le passé, souhaites-tu dans ta tête, car l'époque des dinosaures, ça ne te dit rien, non, surtout pas ce soir...

Des minutes passent sans que rien ne se produise. Maggie te fait un sourire démoniaque. Tu ne comprends pas trop ce qui se passe. Tu lui retournes son sourire. Lorsque tu refermes les lèvres, OUCH ! tu te piques les babines avec deux longues dents qui viennent tout juste d'allonger. Ces deux canines fraîchement poussées ne sont pas des dents de sagesse.

« Il va falloir que tu apprennes à t'en servir, te dit Marjorie. Sinon, tu vas te faire vraiment mal... »

Tu te sens tout à coup tout drôle. De la fumée apparaît autour de toi. Soudain, tes deux bras s'étirent et se métamorphosent en ailes raides et noires. Tu es devenu une chauve-souris !

Marjorie et Jean-Christophe muent aussi sous tes yeux. Tous les trois, vous vous envolez vers Sombreville, où vous habitez... POUR VOUS ABREUVER !

Battez des ailes jusqu'au chapitre 36.

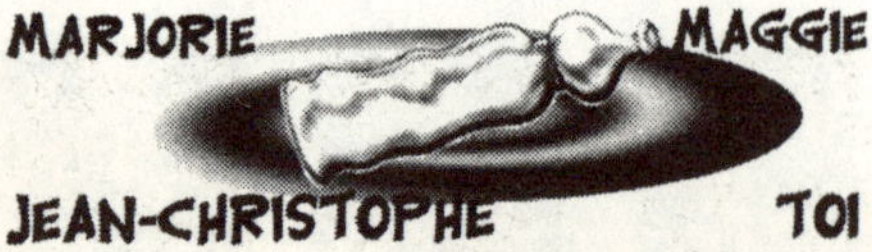

52

Les deux gardes s'élancent vers toi. Tu n'as pas le temps de réagir qu'ils t'attrapent et te soulèvent comme si tu n'étais qu'une vulgaire poupée de chiffon.

« Tiens tiens tiens ! fait Maggie en te souriant méchamment. Tu as fait un bon voyage ?

— ESPÈCE DE SORCIÈRE ! lui cries-tu en essayant de te débattre. Qu'est-ce que tu as fait de mes amis... et de tout le monde, en fait ?

— AH ! AH ! AH ! rie-t-elle à gorge déployée. Tu vas voir que beaucoup de choses ont changé depuis ton départ. C'est pour cela d'ailleurs que je t'ai expédié dans le futur. Je ne voulais pas t'avoir dans les pattes le temps que je puisse mettre mes projets à exécution.

— La partie n'est pas encore terminée, la préviens-tu en lui lançant un regard menaçant.

— Peut-être, te répond-elle. Peut-être, mais les chances sont de mon côté. Je te préviens, je suis devenue une sorcière moderne. J'ai troqué mon grimoire pour un ordinateur, et mes potions, je les prépare dans un four à macro-ondes. Tu as sans doute remarqué ma limo-volante, elle ne se compare pas à un balai... »

Découvre la suite au chapitre 24.

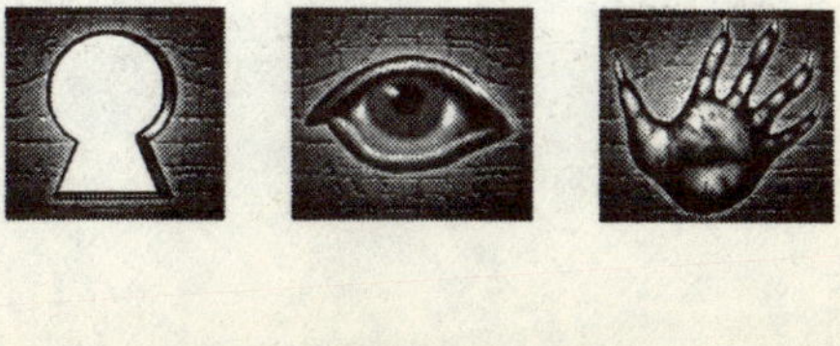

53

Atteint de plein fouet, tu bascules et tombes de tout ton long sur un grand sofa.

POUF !

Maggie se met à ricaner HI ! HI ! HI !

Les oreilles qui bourdonnent, tu restes étendu le temps d'évaluer les dégâts. Rien de cassé, sauf que ton chandail préféré est à moitié calciné. Il fume encore. Tu l'enlèves et te remets sur pieds.

« SALE CHIPIE ! lui cries-tu à tue-tête. Je suis encore en vie ! La seule chose que tu as réussi à faire, c'est de me mettre vraiment en rogne...

— Oh que j'ai peur, se moque-t-elle. Je tremble comme une feuille. »

Elle campe encore une fois son regard dans ta direction et récite à nouveau la formule.

Tu plonges derrière le sofa. La foudre s'abat sur le mur et détruit complètement le panneau électrique. Tout s'obscurcit autour de vous ! Tu en profites pour ramper en direction de la sortie. Tu stoppes sur le seuil de la porte lorsque tu entends pleurnicher...

Va au chapitre 26.

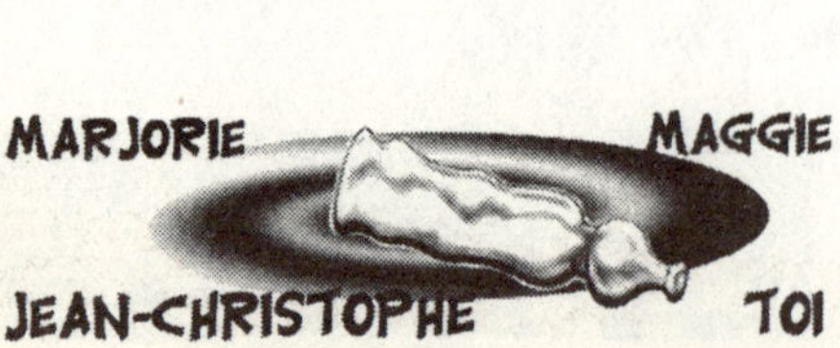

54

Il est vrai que les jeux de Maggie ont souvent mal tourné. Ce soir, qu'est-ce qui va encore se produire ?

Pour vous assurer qu'aucune bête dangereuse ne rôde dans les alentours, vous faites, avec précaution, bien entendu, le tour de sa vieille baraque en bois. Soudain, alors que vous vous apprêtez à retourner à l'intérieur, d'autres bruits étranges surviennent de la forêt.

CRRR ! SSSS ! GRRRR !

« Ça semble provenir de partout autour de nous, remarque Jean-Christophe, qui scrute les arbres morts et dégarnis. Vaudrait mieux pas rester dehors... »

Vous reculez vers l'entrée de la cabane en rondins en gardant toujours les yeux rivés sur la forêt, sans apercevoir la moindre chose. Lentement, vous franchissez le seuil de la porte à reculons. Marjorie, qui est la dernière, ferme la porte.

Contents d'être à l'abri à l'intérieur, vous constatez cependant avec horreur que tous vos amis ont disparu, sauf... MAGGIE !

Tourne vite les pages de ton Passepeur jusqu'au chapitre 42.

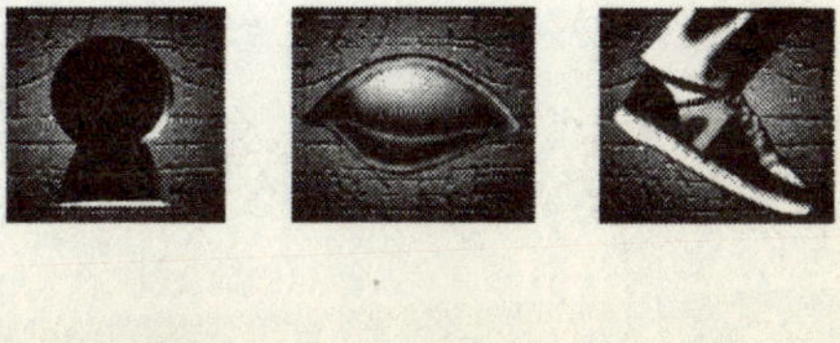

55

Vous réussissez à vous lever, mais une force invisible vous retient en place. Maggie prononce en hurlant les derniers mots de son sortilège.

« ...ELLIV SED SERÈICROS ! »

Les planches s'écartent bruyamment sous vos pieds et vous chutez tous les trois dans le vide. Tu te caches la tête entre les bras et tu attends le choc. Au bout de plusieurs longues minutes, vous vous posez, à ta grande surprise, doucement sur le sol comme si vous étiez munis de parachutes.

Un paysage morbide vous entoure. Le ciel est jaune, sans soleil, et il fait pourtant clair. Une brise souffle entre des arbres tordus et desséchés, mais vous ne l'entendez pas. Vous marchez dans un sable verdâtre sans toutefois laisser de traces.

« Est-ce ce que nous sommes m-morts ? » bredouille Marjorie.

Tu hausses les épaules, car tu l'ignores.

Découvre la suite au chapitre 65.

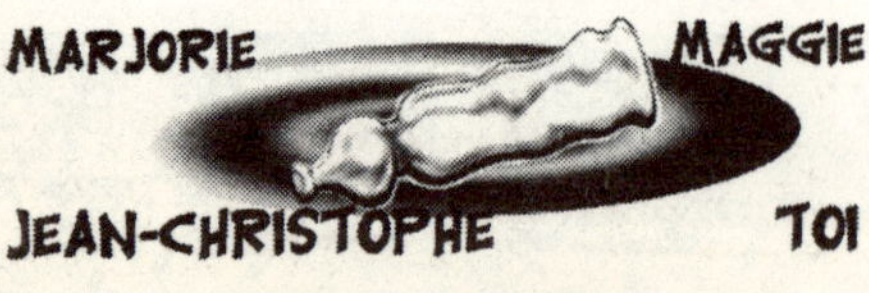

56

« D'ACCORD ! te crie-t-elle. Ne casse pas la bouteille, je rappelle la revenante... »

Elle invoque le spectre en prononçant une ancienne incantation. La grosse dame fantôme se met à onduler sur elle-même et s'engouffre dans le goulot de la bouteille, comme un courant d'air, en passant sous ta nuque. Un frisson épouvantable parcourt tout ton corps.

« Je crois que nous laisserons cette revenante reposer en paix maintenant », te dit-elle.

Elle prononce ensuite une seconde incantation ; le pied de la table que tu tiens se transforme en couleuvre, et s'enroule autour de tes poignets. Tu as les mains liées comme un vulgaire prisonnier. Maggie t'oblige à poursuivre cette soirée de jeux ignobles. Si tu refuses, tu seras obligé de porter pour toujours cette paire de menottes vivantes. Tu t'agenouilles encore une fois à côté d'elle.

Elle te libère pour que tu puisses retourner au chapitre 4 et choisir un autre jeu...

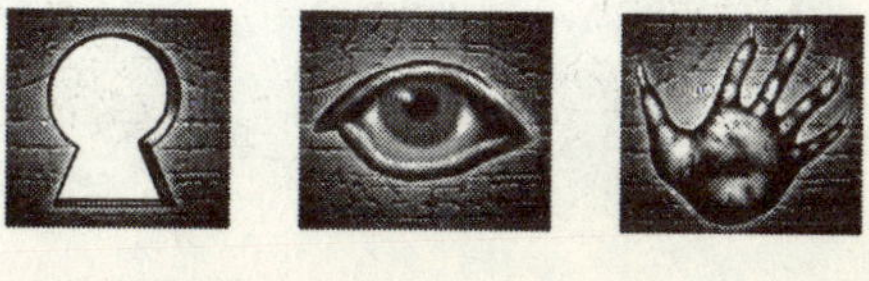

57

Au bout d'un autre sombre couloir, tu arrives enfin au pied d'un escalier poussiéreux qui te permet de remonter à la surface. Tu gravis les marches en espérant qu’elles te conduisent près d'un hôpital où tu pourras te faire soigner. Cependant, l'escalier t’amène sur le quai d'une station de métro où un voyageur attend patiemment. Alerté par tes pas lourds, il se retourne vers toi, hurle à la mort AAAAAAH ! et s'enfuit à toutes jambes. Tu essaies de lui dire que tu ne lui veux aucun mal, mais tu viens de découvrir que tu as perdu l'usage de la parole.

Tu essaies de le suivre, mais tu es rendu trop mou pour courir. Alors que tu passes un tourniquet, tu aperçois trois garçons et une fille aux cheveux multicolores qui descendent l'escalier mécanique. CE SONT DES PUNKS ET ILS T'ONT VU, EUX AUSSI !

La punkette s'assoit sur la rampe et glisse jusqu'à toi. Te trouvant joliment dégoûtant, elle s'amourache de toi et décide de t'adopter.

« Tu seras mon monstre à moi toute seule », te dit-elle en te mettant un collier autour du cou...

FIN

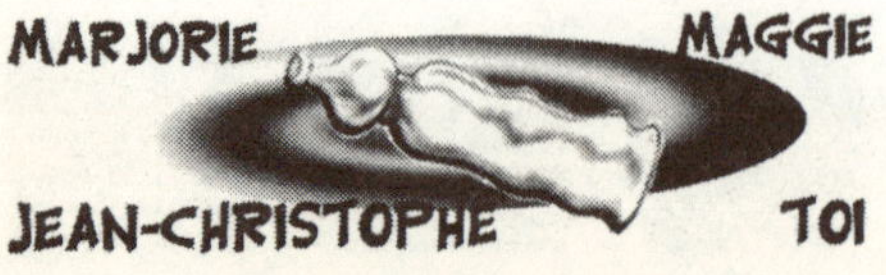

58

Le pauvre animal blatère et hurle lorsqu'il est soulevé au-dessus du petit étang d'eau limpide. Tout autour, les buissons se mettent à bruire **SHHHH !** et l'eau commence à baisser. Quelques grosses dents apparaissent dans le fond vaseux. Puis, comme si quelqu'un avait tiré la chasse, toute l'eau disparaît dans un tourbillon bruyant **GLOUGLOOOUU !**

C'EST UN PIÈGE ! L'étang est en fait la grande bouche immonde d'une créature cachée dans le sable. Le palmier laisse tomber le chameau dans la gueule de la créature qui le croque et n'en fait qu'une bouchée. La créature émet ensuite un rot percutant ROOOOO ! et ne recrache que les os.

Vous essayez de quitter cette oasis de malheur, mais un des palmiers terrasse le sol derrière vous et vous pousse vers l'entonnoir de sable jusqu'à la gueule monstrueuse.

Tu essaies de t'agripper aux dents acérées, mais c'est inutile, le monstre a beaucoup trop...

FAIM !

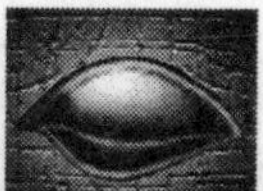

59

Maggie récite une brève incantation en pointant un doigt vers toi :

« TNATUM ITLUM SARB... »

Tes amis te regardent avec un air de dégoût.

« Quoi ? Qu'est-ce que j'ai ? leur demandes-tu en souriant. J'ai un bouton qui m'a poussé sur le nez ? »

Tu te touches le nez avec le bout des doigts et tu ne sens rien d'anormal. Tu écartes ensuite les bras en signe d'incompréhension. Les yeux de Marjorie sont grands comme des pièces de monnaie et te fixent toujours. Tu baisses la tête et remarques que maintenant... TU AS QUATRE BRAS !

« Tu vas me redonner tout de suite mon apparence normale, lui ordonnes-tu en la menaçant de tes quatre poings. Je ne peux pas rester comme ça. Ça va coûter à mon père une fortune en sur mesure...

— Je t'ai transformé de la sorte pour accroître tes chances de sortir vainqueur de l'épreuve que tu auras à affronter », t'explique-t-elle.

Elle récite une autre formule magique et tu es tout de suite transporté au chapitre 34.

60

« Comme vous voulez, fait le gnome. Alors, vous allez certainement profiter de notre spécial de la nuit : obtenez deux lobes de cerveau pour le prix d'un...

— Merci, nous allons y penser », lui répond poliment Jean-Christophe en s'éloignant du comptoir.

Au fond d'une allée, sur une étagère, il y a une série de gros pots remplis de liquide coloré. Dans l'un d'eux, il y a même quelque chose... QUI BOUGE !

Tu approches, le visage en grimace. Il s'agit d'une main coupée qui nage dans le liquide. Alors que tu te retournes vers Marjorie pour lui montrer ta découverte, la main fait sauter le couvercle d'une pichenette et bondit hors du pot. Va-t-elle t'attraper ? Pour le savoir...

...TOURNE LES PAGES DU DESTIN.

Si elle t'attrape, va au chapitre 20.

Si par contre, tu réussis à t'enfuir, rends-toi au chapitre 114.

61

Les chevaux réussissent à se frayer un chemin jusqu'à une pente abrupte où ils doivent s'arrêter. Le vent glacial fait coller les gros flocons de neige sur ton visage. En tirant les rênes et en donnant une bonne tape sur la fesse du cheval de tête, tu les renvoies en direction de l'auberge.

Les mains presque gelées, tu réussis à ramper jusqu'à l'entrée du château où tu dois absolument faire un feu pour ne pas mourir de froid. Tu dois faire brûler plusieurs morceaux de bois provenant de vieux meubles brisés avant que ton sang réchauffe tout ton corps.

Assis sur la peau de fourrure devant le bois qui grésille et les flammes bienfaisantes du feu, tu reprends lentement des forces. Ce tableau ferait une très belle photo si tu n'étais pas perdu dans ce foutu monde glacial...

La fumée monte ; tu lèves la tête pour suivre son ascension. Tout en haut, le fameux bloc de glace contenant le jeu du Bec de la gargouille a commencé à fondre...

Va vite au chapitre 28.

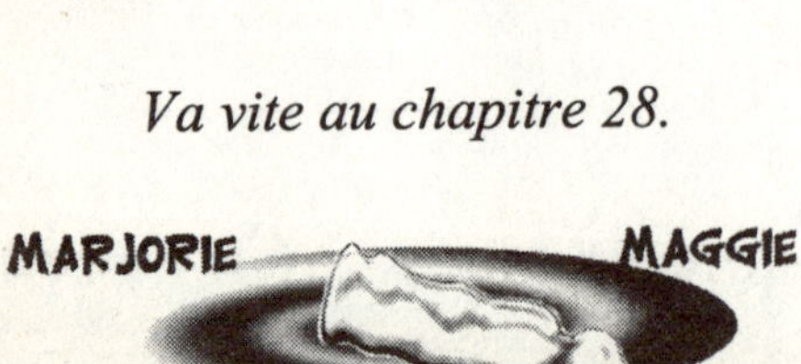

62

Un des gardes appuie plusieurs fois sur le bouton. La porte métallique de l'ascenseur s'ouvre enfin. Maggie et ses deux gardes du corps pénètrent à l'intérieur. Tu t'élances devant le panneau indicateur. À une vitesse foudroyante, la lampe témoin illumine les numéros de chacun des étages pour s'arrêter au 181.

Tu appuies sur le bouton de la cage de l'ascenseur voisin, **DING !** la porte s'ouvre...

« La chance est avec moi », te dis-tu en y entrant.

Tu presses le bouton de l'étage 181, la porte se referme...

En sept dixièmes de seconde **ZOOOUUUMM !** cet ascenseur hyper rapide t'y fait monter. Enfin, ce qui reste de toi. Car sur la porte à l'intérieur de l'ascenseur, il y avait une mise en garde que tu n'avais pas vue et qui disait : « ATTENTION ! La gomme à mâcher ZZ-3 est nécessaire pour une utilisation sécuritaire de cet ascenseur qui monte à la vitesse de la lumière. Dans le cas contraire, tout voyageur pourrait être victime d'un sérieux déplacement d'organes... »

Maintenant, tu sais VRAIMENT ce que c'est que d'avoir L'ESTOMAC DANS LES TALONS...

FIN

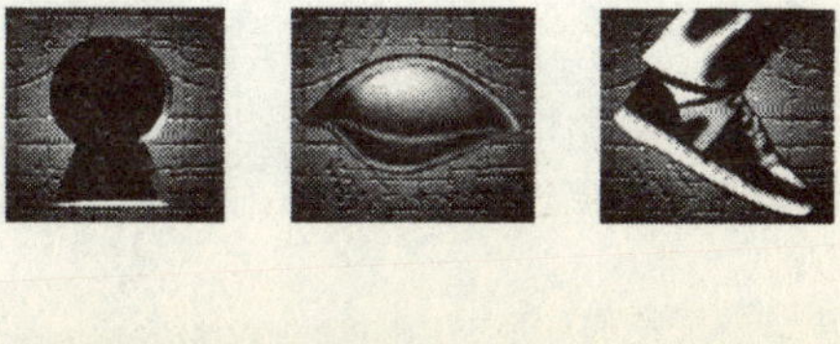

63

Ta force décuplée par la peur, tu réussis à vaincre les puissances magiques qui te retenaient en place et à te lever. La poupée vaudou bondit. Tu retires ton pied juste avant qu'elle attrape le lacet de ton espadrille. Couchée à plat ventre sur le plancher, elle lève la tête et te sourit avec ses redoutables petites dents pointues. Par réflexe, tu lui renvoies son sourire. Peut-être que maintenant elle désire tout simplement se lier d'amitié avec toi ?

Au moment où tu t'accroupis lentement devant elle, la poupée enroule rapidement sa petite main de chiffon autour de l'épingle et te menace dangereusement en te souriant de façon diabolique.

Rends-toi au chapitre 112.

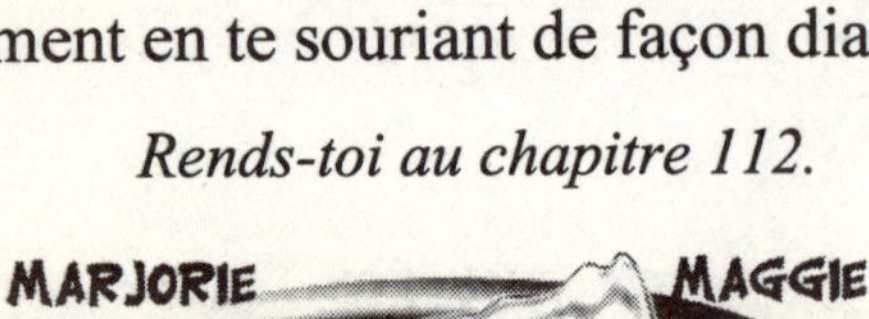

64

Marjorie se lève. La dame fantôme fonce sur elle avec les bras ouverts, prête à l'étreindre. Jean-Christophe ne perd pas une seconde et essaie de plaquer la revenante à la manière d'un joueur de football. Malheureusement, il passe à travers et s'écroule sur une petite table de bois, qui se fracasse **CRAAAAC !**

« AIE ! » fait-il lorsqu'il tombe sur le plancher avec les débris de la table.

Maggie s'esclaffe.

« HA ! HA ! HA ! »

Tu attrapes un des pieds de la table et tu le balances au bout de tes bras en direction de la revenante. Tu n'as pas plus de chance que Jean-Christophe : le bout de bois traverse le fantôme comme s'il n'y avait rien devant toi. Maggie se tord de rire sur le plancher. Du coin de l'œil, tu aperçois la bouteille. Tu brandis une seconde fois le pied de la table, mais cette fois-ci, au-dessus de la bouteille. D'un seul coup, Maggie devient sérieuse.

POURQUOI ? Va donc au chapitre 56.

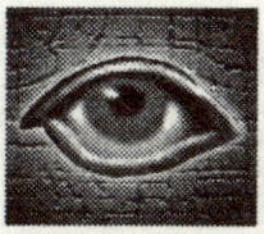

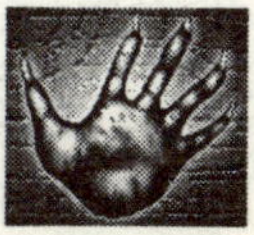

65

Juste au-dessus de vos têtes s'installent rapidement de gros nuages mauves. Un violent orage va éclater d'une minute à l'autre. Vous cherchez vite un endroit pour vous abriter. Vous courez tous les trois en direction d'un chemin sinueux jonché de grosses pierres blanches. Tu te rends compte seulement lorsque tu marches dessus qu'il s'agit en fait de milliers de crânes humains enfoncés dans le sol.

Il se met soudain à pleuvoir d'épaisses gouttes de sang vermillon...

« OÙ SOMMES-NOUS ? te demandes-tu. EN ENFER ? »

Soudain, des voix lointaines s'élèvent. Vous avancez prudemment et découvrez les hautes tours et les palissades d'une ville fortifiée. Vous longez les remparts jusqu'à la lourde porte de bois cloutée. Les poings fermés, vous frappez à coups répétés.

Le guichet grillagé s'ouvre...

Allez au chapitre 13.

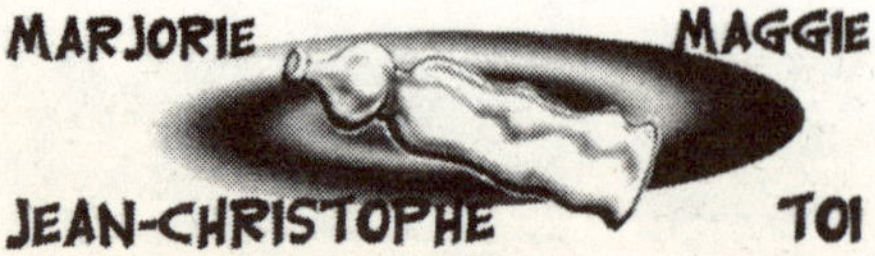

66

« GRRRRR ! Serais-tu venu ici pour lancer un défi à nos quatre champions ? » grogne-t-il de sa voix nasillarde.

Tu caches tout de suite tes quatre mains derrière ton dos.

« NON ! certainement pas, essaies-tu de lui expliquer. C'est la faute d'une sorcière si je suis ici : elle m'a jeté un mauvais sort et m'a aussi parlé d'une épreuve, je...

— C'EST CE QUE JE CROYAIS ! t'interrompt l'ogre en balayant du revers de la main les chopes de bière et le panier de cacahuètes d'une table **CLING ! BANG !** Tu es ici pour nous défier... »

Sous la menace de leur sabres, ils t'obligent à t'asseoir devant quatre ogres très costauds pour jouer... UNE PARTIE DE BRAS DE FER !

Tous les autres monstres déboulent autour de la table pour regarder le spectacle. Tes quatre mains bien ancrées dans celles des quatre ogres, tu attends le signal...

Va-t-en au chapitre 22.

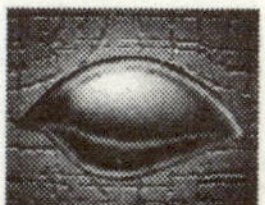

67

Tu demandes au cocher de t'emmener loin d'ici, peu importe où, un endroit où il fait chaud et vite, ça urge ! Il ne bronche pas. Tu t'approches de lui et constates que son visage est blanc et qu'un glaçon lui pend au bout du nez. Il est glacé jusqu'aux os et raide comme un lampadaire.

Tu n'hésites pas à lui emprunter ses fourrures pour te protéger de ce froid cinglant. Frissonnant, tu scrutes l'horizon. Au loin s'élève une chaîne montagneuse qui semble surgir des confins de la terre. Sur un des pics où logent des neiges éternelles, tu entrevois les vestiges d'un très vieux château. Tu fouilles dans une grande poche de cuir usée. Il n'y a pas de boussole, mais tu réussis à y dénicher une puissante longue-vue sculptée dans ce qui semble être de l'ivoire de mammouth.

Tu regardes en direction du château. La neige s'accumule très vite sur l'objectif, mais tu réussis quand même à apercevoir dans la baie de la plus haute tour un bloc de glace lumineux dans lequel se trouve... LE JEU DU BEC DE LA GARGOUILLE !

Tu attrapes les rênes et tu cries « Hue ! »

Les chevaux hennissent et t'emmènent avec ton morbide compagnon de voyage jusqu'au chapitre 91.

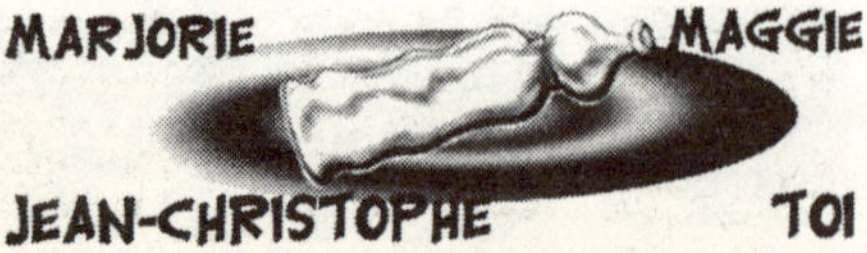

68

« Dis-moi petite sœur, lui demande son frère Jean-Christophe, dans ton jeu vidéo idiot, tu as réussi à découvrir le monstre qui tuait toutes ces personnes ?

— NON JAMAIS ! lui répond-elle en hochant la tête. Cependant, ce passage m'est familier.

— C'est de ta faute si nous sommes ici, alors tu passes la première, lui ordonnes-tu, en la poussant devant vous. Nous te suivons. »

Vous marchez au rythme de Marjorie. Comme vous le faites toujours dans ce genre de situation, vous évoluez dans les passages de cette crypte en adoptant la méthode des six yeux, que tu as mis au point. Marjorie regarde droit devant elle. Toi qui es juste derrière, tu surveilles les hauteurs. Jean-Christophe, lui, joue le rôle de la garde arrière. Il surveille derrière vous, au cas où vous seriez suivis...

Vous marchez ainsi jusqu'au chapitre 110 où vous devez enjamber un premier cadavre sans tête, qui tient dans sa main... UN PARCHEMIN !

69

Tu t'agenouilles toi aussi à côté d'elle...

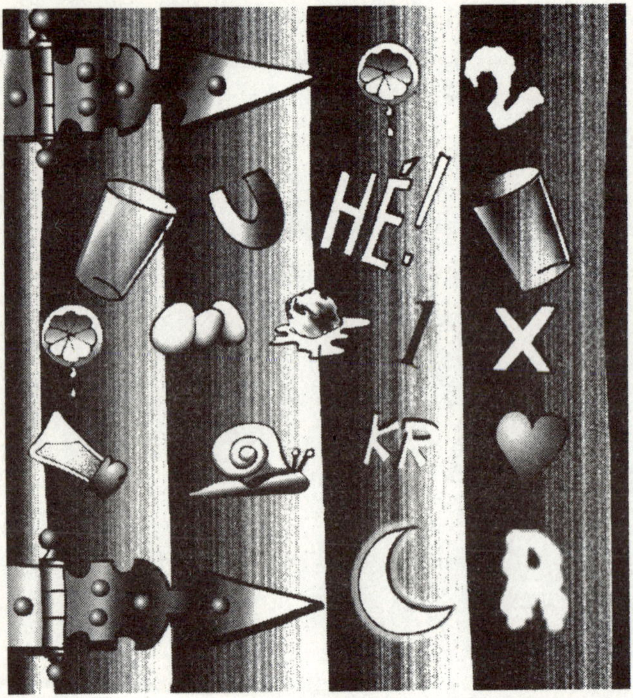

Si tu crois que les mots de passe se lisent comme suit : œil de piranha et pustule de crapaud pour dessert, rends-toi au chapitre 88.

Si tu penses par contre qu'il y est gravé ce qui suit : jus de verrue et vers juteux font une excellente crème lunaire, va au chapitre 104.

70

Tu jettes un coup d'œil à la fenêtre.

Tu respires mieux en constatant que tes amis n'ont pas encore été transformés en quelconques créatures laides. Par contre, tu remarques qu'ils sont détrempés jusqu'aux os. Oui, détrempés jusqu'à l'os parce que devant eux, Maggie fait une démonstration de ses immenses pouvoirs en faisant apparaître de petits nuages orageux au-dessus d'eux.

BRAOOUUUM ! fait le tonnerre au-dessus de la tête de Marjorie.

Ça suffit la torture ! Tu en as assez vu...

Tu soulèves la fenêtre lentement, tu lances la guimauve dans la cabane et tu te bouches les oreilles.

Avertie par son sixième sens, Maggie prononce vite une courte incantation, et son bras droit se met à allonger et allonger jusqu'à l'autre bout de sa cabane, où elle réussit à attraper la guimauve avant qu'elle s'écrase sur le mur.

Tu n'en crois pas tes yeux !

Elle bouffe ensuite la grosse guimauve qui **BOUM !** explose finalement dans son estomac.

La suite au chapitre 96.

 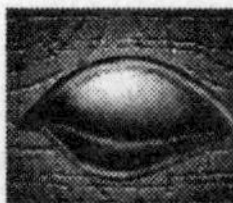 

71

Autour de vous, des murailles de pierre s'élèvent du sol en grondant **GRRRRRRRRRR !** et vous vous retrouvez entre les murs d'une crypte lugubre.

« HMMMMF ! Qui de vous deux dois-je remercier pour ça ? demandes-tu à tes amis en cherchant le coupable.

— Ne me regarde pas comme ça, je ne suis pas responsable », te répond Jean-Christophe, en agitant ses deux mains ouvertes devant toi.

Marjorie évite ton regard et fixe le sol.

« MARJORIE ! t'écries-tu. C'est toi ? Qu'est-ce qui t'est passé par la tête ?

— Je te jure que je ne pensais à rien au début, essaie-t-elle de t'expliquer en évitant toujours de te regarder dans les yeux, mais tout à coup, je ne sais pas pourquoi, **POP !** des images de cet horrible jeu vidéo dans lequel le héros est prisonnier d'une crypte me sont venues à l'esprit...

— LE JEU DES MANGEURS DE CERVEAUX ! hurles-tu. Non ! s'il te plaît, dis-moi que ce n'est qu'un mauvais rêve. À cause de toi, nous voici prisonniers d'un jeu vidéo dans lequel il y a tout plein de... CADAVRES DÉCAPITÉS ! »

Allez au chapitre 68.

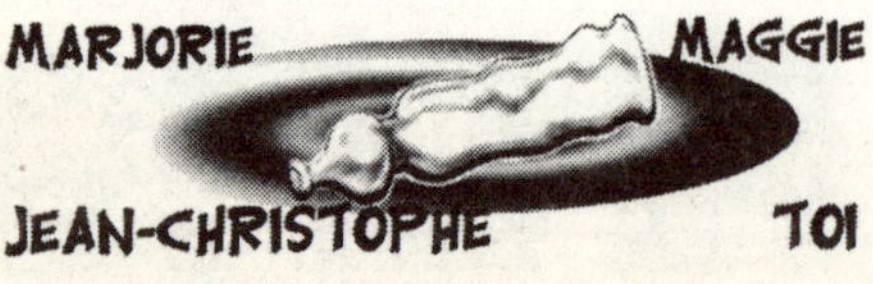

72

Au prix d'un effort colossal, tu as vaincu les quatre ogres qui arborent une mine déconfite...

Tu te relèves et t'éloignes de la table. Tu recules vers la sortie en espérant qu'ils ne sont pas mauvais perdants. Entre les volets de la fenêtre de la porte, tu aperçois de la neige qui tombe par bourrasques.

« Tenter ma chance avec le froid ou rester ici avec ces monstres affamés ? » te demandes-tu.

Quelques-uns d'entre eux se mettent à grogner d'une façon bestiale et t'aident à prendre une décision.

GROOOWW ! GRRRR !

Tu ouvres la porte et tu fous le camp...

Braver le froid cinglant n'était peut être pas la bonne chose à faire, car tout de suite, tu sens le bout de tes doigts qui commencent à geler. Tu te diriges en courant vers une voiture à chevaux où tu prends place, près d'un cocher recroquevillé sur lui-même. Sur ses épaules s'accumulent des centimètres de neige.

RRRRends-ttttoi au chachapitre 67.

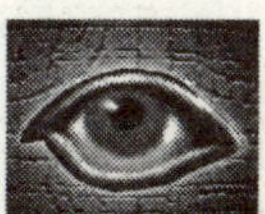
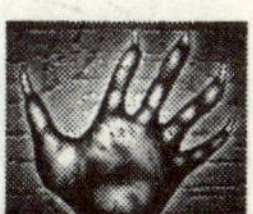

73

À l'intérieur d'un portique de sécurité, Maggie s'approche d'un clavier numérique posé près des portes coulissantes. Tu colles ton nez à la vitre. Elle fait danser ses doigts sur les touches...

« Deux, cinq et six, réussis-tu à voir. Ouais ! Deux cinq six... »

Les deux portes coulissantes s'ouvrent **SHHHHH !** et ils entrent. Muni du code d'accès, tu réussis, toi aussi, à pénétrer dans le building. À l'intérieur, c'est un vrai palais de miroirs qui t'accueillent. Tu les suis en longeant les murs. Maggie arrive devant l'ascenseur. Un de ses gardes du corps appuie sur le bouton d'appel.

Blotti dans un coin, tu te dis qu'il n'est pas nécessaire de t'approcher d'eux, car tous les miroirs te renvoient une multitude de reflets. Peu importe où tu te places, ce sera toujours un excellent poste de surveillance.

Maggie montre des signes d'impatience et regarde nerveusement autour d'elle. Tu y penses tout à coup ! Si, avec ces miroirs, je peux voir leur reflet... ILS PEUVENT ME VOIR EUX AUSSI !

OH NON ! Va au chapitre 86.

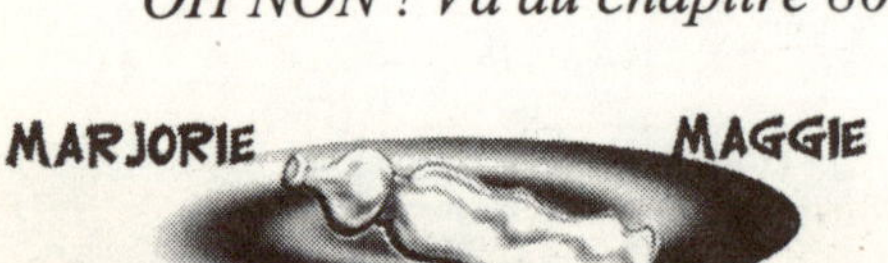

74

Tu te jettes tout de suite dans ta chambre en faisant une culbute. Étendu sur le dos par terre, tu refermes violemment la porte de ton placard avec tes pieds.

« Qu'est-ce qui se passe ? » te demandes-tu en croyant perdre la raison.

Avec précaution, tu colles une oreille à la porte. Il n'y a plus aucun bruit de bagarre ni aucun cri. Tu l'ouvres légèrement et y glisses un œil. Derrière elle, il n'y a que tes vêtements et tes chaussures. L'auberge a disparu...

Alertés par le bruit, tes parents accourent. Tu leur tends les bras et constates du même coup que tu as retrouvé ton apparence normale.

Croyant être sorti du pétrin, tu pousses un très long soupir. Ton père s'éloigne de toi lorsque son nez flaire un drôle d'odeur. Tu as oublié que tu empestes... LE RHUM !

Tes explications confuses ne font qu'embrouiller tes parents qui hochent la tête de gauche à droite, n'en croyant pas leur nez. À ton âge, traîner dans un débit de boisson ! TU N'AS PAS HONTE ?

FIN

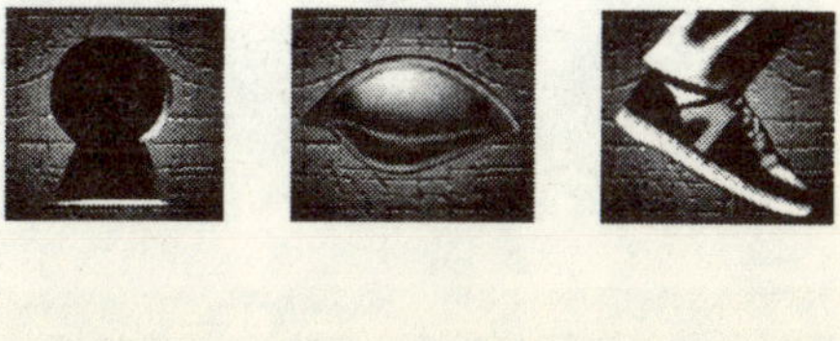

75

« NON MAIS ARRÊTE UN PEU ! lui cries-tu à tue-tête. Tu ne vois pas que tes jeux ne nous amusent pas du tout ? »

Mais rien à faire, maintenant, elle se tord de rire sur le plancher en te pointant du doigt. Offensé de la voir se bidonner de la sorte, tu te lèves et remarques alors que ses pouvoirs magiques n'ont plus d'effet... LORSQU'ELLE RIT !

Marjorie et Jean-Christophe se remettent sur pieds eux aussi et vous foncez vers la porte. Tu l'ouvres et tu vois que l'arbre n'est plus là, que la voie est libre. Vous courez dans la forêt, lorsque soudain une immense cage faites de grosses branches solides descend rapidement sur vous et vous emprisonne.

Vous essayez de soulever la lourde cage, mais vous en êtes incapables. Au loin, vous entendez toujours les rires de Maggie. Les deux mains sur les barreaux, tu aperçois une silhouette qui s'approche.

« C'est sans doute le chasseur venu chercher sa capture, souffles-tu à tes amis. S'il pensait attraper un cerf, il va avoir la surprise de sa vie. »

Allez au chapitre 85.

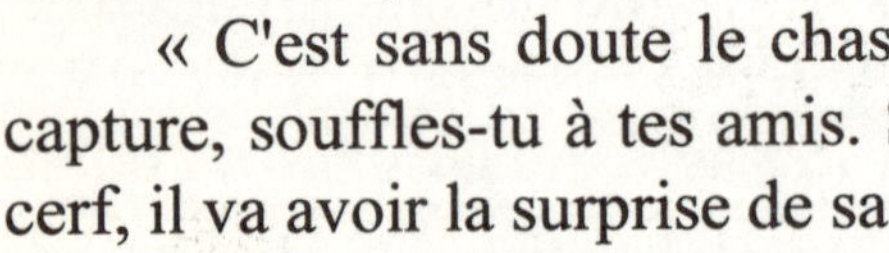

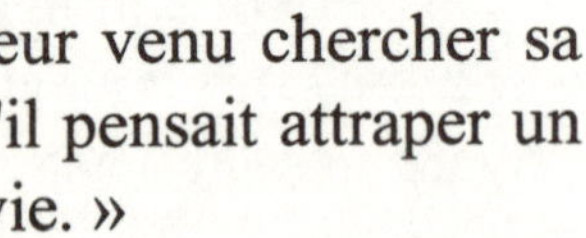

76

Malheureusement, l'arbre bloque toujours la porte...

Dans les mains de Jean-Christophe, la poupée vaudou s'agite comme un diable dans l'eau bénite et réussit à se dégager en lui mordant l'index.

Il porte son doigt ensanglanté à sa bouche pour apaiser la douleur. La poupée vaudou avance vers toi, à petits pas. Tu recules, ne sachant que faire. Tu sais très bien que si tu lui assènes un bon coup de pied... TU TE FRAPPES TOI-MÊME !

Marjorie et Jean-Christophe regardent la scène avec un grand sentiment d'impuissance.

Tu laisses avancer la poupée démoniaque en espérant qu'une solution viendra à ton esprit. Tu réfléchis très fort comme tu le fais aux examens de fin d'année. Mais rien à faire, tout ce qui te vient à l'esprit n'est pas autre chose que ta...

FIN

77

MAINTENANT, SOIS HONNÊTE ! AS-TU MOUILLÉ TON DOIGT AVEC TA LANGUE POUR TOURNER LES PAGES DE TON PASSEPEUR ?

Si la réponse est non, gonfle tes joues d'air et vide tes poumons, car tu l'as échappé belle. Rends-toi au chapitre 106 et poursuis ta recherche.

Si par contre, tu as mouillé ton doigt, va au chapitre 49 et attends-toi au pire.

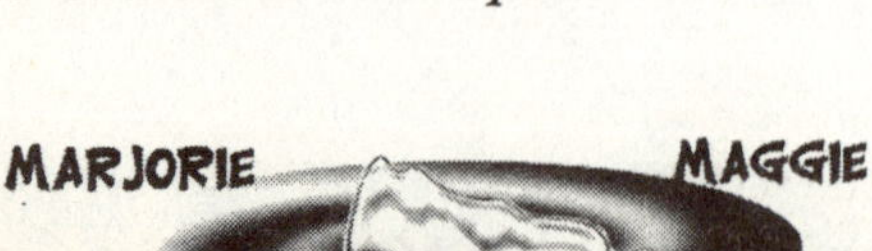

78

LA PORTE EST VERROUILLÉE !

Dans la noirceur totale, tu entends la petite poupée vaudou qui descend une après l'autre les marches jusqu'à toi. Le dos appuyé à la porte, tu sens soudain qu'elle grimpe à ta jambe droite. Instinctivement, tu l'expédies du revers de la main quelques marches plus haut.

« AIE ! » hurles-tu, terrassé par la douleur.

Les taloches que tu viens de lui administrer te font très mal à toi aussi. C'est comme si tu t'étais frappé toi-même. T'as oublié pendant un moment que cette poupée vaudou est à TON effigie, et que peu importe ce que tu lui feras subir, cela t'affligera directement.

La porte est verrouillée et tu ne peux pas frapper la poupée vaudou.

Il n'y a rien à faire... C'EST SANS ISSUE !

C'est bien la première fois qu'une de tes aventures se termine sans que tu aies pu au moins essayer... DE TE DÉFENDRE !

FIN

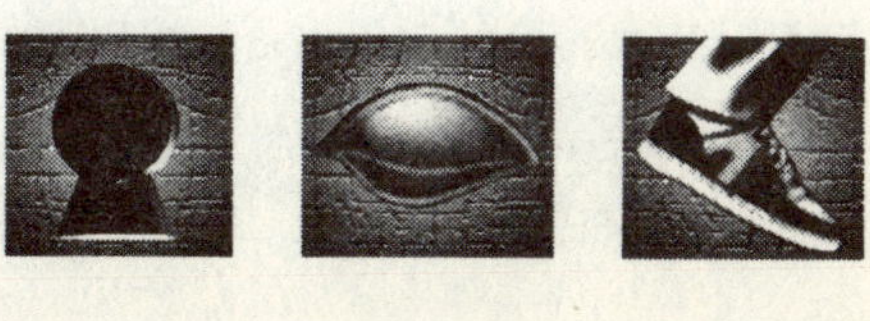

79

Avant que tu aies mis la main dessus, le perroquet s'envole et disparaît dans la noirceur.

Dépité, tu t'assois sur une grosse branche.

« Je ne peux pas passer le reste de ma vie dans ce cimetière lugubre, te mets-tu à réfléchir. Je dois m'enfuir, et au diable ma promesse. »

Tu descends de l'arbre et tu cours comme un sprinter. Arrivé chez toi, tu sautes sur le téléphone et tu composes le numéro de tes amis. Marjorie et Jean-Christophe sont rentrés eux aussi. Maggie les a laissé filer lorsque la grosse revenante t'a kidnappé. Tout comme toi, ils sont heureux que tout se soit bien terminé.

Tu passes le reste de la nuit à rouler dans ton lit, tracassé par la grosse revenante qui pourrait avoir l'audace de venir te hanter jusque dans ta chambre. Mais le soleil finit par se lever sans que tu aies reçu sa visite ni réussi à fermer l'œil.

Va au chapitre 44.

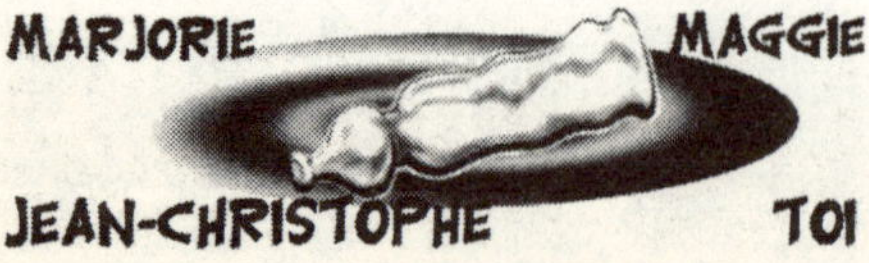

80

Maggie Noire plante son regard dans le tien et commence à réciter tout de suite une formule magique...

« MAUR-XOUM... crie-t-elle. MAUR-XOUM ET... Ah non ! je ne me rappelle plus du reste », rajoute-t-elle après quelques secondes.

Elle se met nerveusement à pianoter sur le clavier de son ordinateur.

« C'est ça le mauvais côté de la technologie, s'emporte-t-elle. Plus on se sert d'un ordinateur, moins on se sert de son cerveau. »

Sur son écran apparaît devant elle la formule magique en entier. Elle la récite tout de suite à voix haute...

« MAUR-XOUM REGOUR ! »

Ses yeux deviennent soudain tout blancs et te lancent des éclairs...

Tu reçois une décharge électrique au chapitre 53.

81

C'EST LE CRÂNE HUMAIN !

Ne sachant pas si tu es projeté dans le passé ou vers le futur, tu fermes les yeux et tu serres les poings.

Rien ne semble se produire. Tu ouvres lentement un œil et tu constates qu'à la place de la vieille cabane de bois de Maggie, il y a un gratte-ciel futuriste tout de verre et de métal brillant. Il se dresse très haut dans les airs. Devant lui sont garées de curieuses voitures ailées sans roues. Il n'y a aucun doute, tu as été projeté dans le futur...

Tu lèves les yeux vers la cime de l'édifice lorsqu'un long véhicule le survole. Le soleil reflète sur sa carrosserie brillante et t'aveugle. C'est une limousine volante. Elle ralentit et descend en spirale jusqu'à l'entrée.

Un chauffeur d'apparence humaine, mais à la peau métallisée, en descend. C'est sans doute un robot. Il ouvre la portière arrière et une personne accoutrée d'un costume noir en sort. C'EST MAGGIE ! Elle pénètre dans l'édifice suivie de ses deux gardes du corps habillés de tuniques rouges. Leur visage est caché par une cagoule.

Comme un espion, tu les files jusqu'au chapitre 73.

82

Tu regardes la mèche de cheveux sur la tête de la poupée. Tu te rappelles soudain être allé au salon de coiffure... HIER ! Tu te souviens aussi que lorsque tu déambulais dans les rues de Sombreville, tu avais la curieuse impression que quelqu'un épiait tes moindres faits et gestes.

« M'aurait-elle suivi et aurait-elle ramassé une touffe de mes cheveux ? » te mets-tu à réfléchir. Rongé par cette sombre pensée, tu te tournes vers elle et constates malheureusement qu'elle te sourit cruellement. Tu n'en doutes plus ! C'est ce qu'elle a fait...

Tu grimaces déjà à l'idée des souffrances qui t'attendent. Maggie tend vers la poupée vaudou une longue épingle. Mais au lieu de la piquer avec, elle la lui remet dans sa petite main de chiffon. À la façon d'un pirate, la petite poupée mord dans l'épingle comme s'il s'agissait d'un poignard et fonce les deux bras tendus vers toi. Va-t-elle t'attraper ? Pour le savoir...

...TOURNE LES PAGES DU DESTIN !

Si elle réussit à t'attraper, c'est au chapitre 12 que se poursuit ton aventure.

Si par contre, tu réussis à t'enfuir, va au chapitre 63.

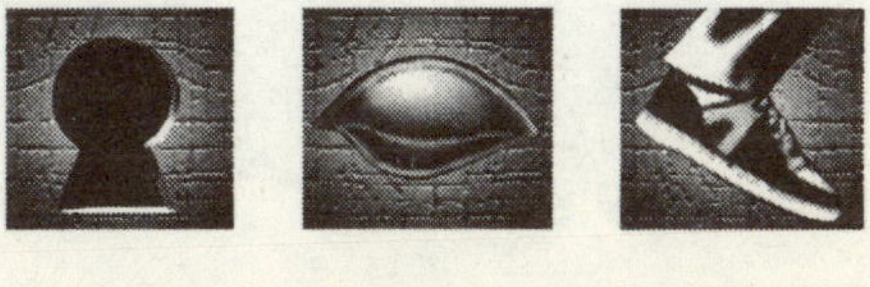

83

Voyant que ça ne te fait pas rire, Maggie te dévisage et t'expédie, d'un simple geste de la main, une boule d'ectoplasme.

ZOOUUCHH !

Juste à temps, tu roules sur toi-même pour t'éloigner de la trajectoire. La boule incandescente s'écrase sur les parois de la grotte et t'arrose d'une pluie d'étincelles. Tu frottes nerveusement sur une roche les liens qui retiennent tes poignets ensemble pour les briser en essayant d'oublier les petites brûlures.

Maggie pointe encore une fois le doigt dans ta direction. Tu concentres tes efforts sur tes liens, qui sont sur le point de céder. Tout juste avant qu'elle te lance une deuxième boule, tu réussis à te dégager et à faire disparaître son spectre en éteignant le brasier sous elle avec une poignée de terre.

Tu libères tes deux amis et vous partez vers le chapitre 9.

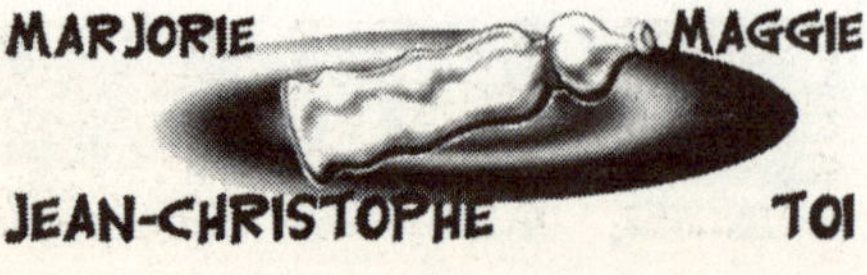

84

Vous franchissez plusieurs passages morbides où traînent des cadavres. Vous vous arrêtez lorsque vous constatez que vous êtes suivis ! Tu fais un demi-tour sur toi-même pour scruter la pénombre. C'est une espèce de monstre hirsute au visage caché par une longue chevelure sale. Il avance lentement vers vous en traînant une grosse poche en jute. Par les formes arrondies qu'elle contient, tu devines maintenant où sont passées toutes ces têtes de cadavres.

« C'est le monstre du jeu vidéo ! murmures-tu à tes amis. C'est un collecteur de têtes. »

Vous vous mettez à courir. Des centaines d'insectes grouillent sur les murs et le sol humide. Tu arrêtes pour consulter le parchemin et t'assurer que vous êtes sur la bonne voie. Tu fais vite, car de gros insectes ont entrepris de grimper à tes jambes. Lorsque tu les frappes avec le parchemin, le vieux rouleau de papier t'échappe et tombe par terre. Des dizaines d'insectes affamés se jettent dessus et se mettent à le dévorer.

Tu leur laisses le parchemin, car dans ta tête, tu as parfaitement mémorisé le chemin à suivre qui vous amène au chapitre 99.

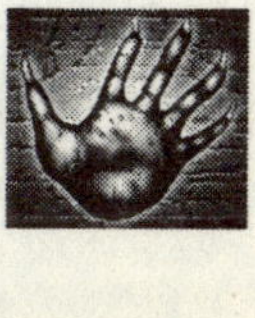

85

Mais la surprise est plutôt tienne. La sombre silhouette qui s'approche de vous est en fait le légendaire Bigfoot. Cette créature mi-homme mi-ours qui semble avoir survécu des milliers d'années à l'écart de la civilisation vient chercher ses proies.

Content de sa capture, il se met à grogner GRRR ! GRR ! et à frapper sur son torse velu avec ses gros poings.

Tu l'as déjà vu sur quelques photos floues des journaux à sensation. Maintenant, tu sais que ce n'est plus une légende. Il est devant toi, tout en muscles, en poils et en... LONGUES DENTS !

Il vous attache illico tous les trois avec des racines. Ensuite, il vous traîne jusqu'à une grotte isolée loin dans la montagne où vous serez stockés au frais comme de vulgaires morceaux de viande. À genoux devant un tas de brindilles d'herbes séchées et de branches, il frotte deux silex pour allumer le feu. Tu te doutes que lorsque l'heure du repas sonnera... SONNERA AUSSI TON HEURE !

Découvre la suite au chapitre 8.

86

Pour essayer de te faire minuscule, tu laisses glisser ton dos le long du mur et tu t'accroupis. Devant toi, des dizaines de miroirs te renvoient en plein visage ce que tu fais.

« Ce n'est pas vrai, essaies-tu de te convaincre. Ces foutus miroirs qui renvoient mon reflet agissent comme cent caméras de surveillance qui sont toutes braquées sur moi. Je vais me faire prendre, c'est sûr... »

Un silence de mort s'installe...

De longues secondes passent et le regard de Maggie devient encore plus sérieux. Elle fronce les sourcils et fait un signe de la main à ses deux gardes.

« Ça y est ! te dis-tu... Je suis fait à l'os ! »

Est-ce qu'elle t'a vu ? Pour le savoir...

...TOURNE LES PAGES DU DESTIN.

Si oui, essaie de t'enfuir par le chapitre 52.

Si par une chance incroyable, elle ne t'a même pas remarqué, rends-toi au chapitre 62.

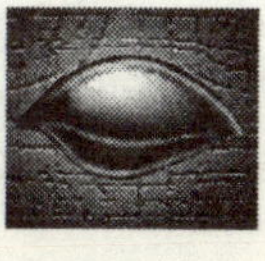

87

Le feu se met à crépiter **CRIP ! CRAP !** très fort. En essayant d'éviter les petits morceaux de braise qui jaillissent, tu laisses tomber le jeu du Bec de la gargouille au beau milieu du feu.

Avec un bout de bois, tu essaies vite de le retirer des flammes, mais elles ont vite fait de consumer le petit jeu de papier.

« SAPRISTI ! t'écries-tu. Ce jeu était mon billet de retour, ma seule chance de pouvoir revenir chez moi... »

Tu fais les cent pas en réfléchissant. Tu te tapes quelques kilomètres comme ça avant de finalement avoir une idée.

« JE SAIS ! t'exclames-tu à voix haute. Je vais fabriquer mon propre jeu du Bec de la gargouille, si toutefois je peux me rappeler comment faire... »

En fouillant le château, tu réussis à trouver du papier et une paire de ciseaux rouillés.

Assis comme un indien devant le feu, tu te mets au boulot au chapitre 100.

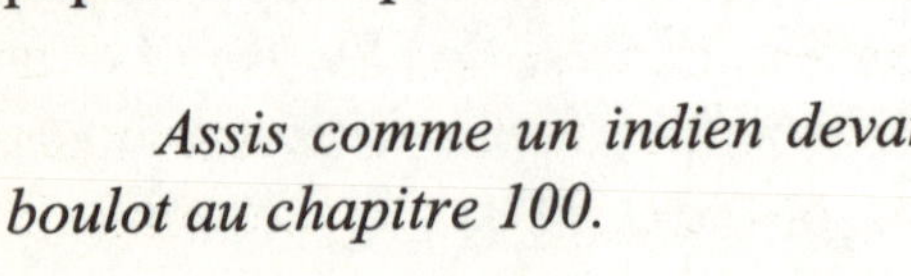

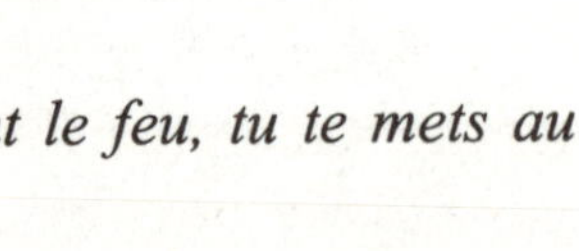

88

« Œil de piranha et pustule de crapaud pour dessert », prononces-tu devant le guichet.

Le monstre ferme la petite fenêtre coulissante. Debout tous les trois devant la porte, vous attendez patiemment qu'il soulève le loquet. Mais ce n'est pas le bruit de la clenche qui vient à vos oreilles, mais plutôt un rire démoniaque...

Derrière vous, Moribor s'élance. Tu pousses tes amis hors de la trajectoire de son arme, juste à temps. La massue du monstre va se planter dans le mur de pierre **BLAM !** et reste coincée. Vous profitez de cette chance pour lui passer entre les jambes et fuir par la première porte vers le désert.

Vous marchez des heures dans ces vastes plaines désertiques avant de trouver enfin des oasis. Entre les palmiers qui ressemblent à des mains géantes, une sorte de chameau à trois bosses s'abreuve au petit point d'eau qui semble tout à fait buvable. La gorge sèche, vous vous approchez.

Soudain, les grandes feuilles et le tronc d'un palmier se mettent à se mouvoir. Vous figez sur place lorsque le palmier se penche vers le chameau et l'attrape...

Allez au chapitre 58.

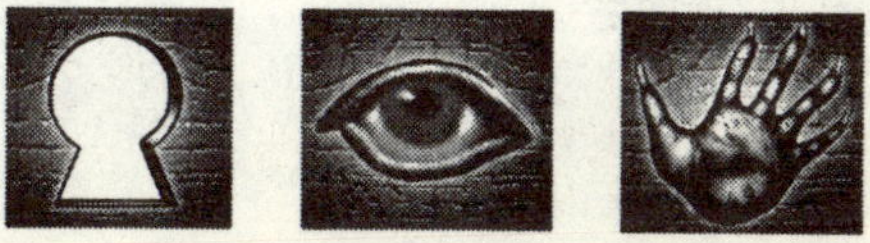

89

Avant de sortir, Marjorie saisit le coffre de bois de Maggie et vide son contenu sur le plancher.

« TIENS ! fait-elle en portant le coffre bien ouvert devant son frère. Dépose la poupée à l'intérieur. Cette boîte de bois va devenir son cercueil. Nous allons l'enterrer dans la forêt. De cette façon, elle ne nous embêtera plus jamais...

— Mais réveillez-vous, vous ne pouvez pas faire cela, t'objectes-tu vivement, je vais mourir de suffocation. Vous semblez oublier que tout ce que vous allez faire subir à cette poupée va directement m'affliger.

— C'est vrai ! réfléchit Marjorie. Nous n'avons donc pas le choix, il faut conjurer le mauvais sort.

— R.U.C. immédiatement, lance Jean-Christophe. Réunion urgente au club. Il faut consulter tous les volumes de l'Encyclopédie noire de l'épouvante. Si une solution à ce problème existe, c'est dans ces vieux bouquins pleins de poussière et écrits avec du sang de mort que nous allons la trouver... »

Vous courez jusqu'au club des Téméraires au chapitre 19.

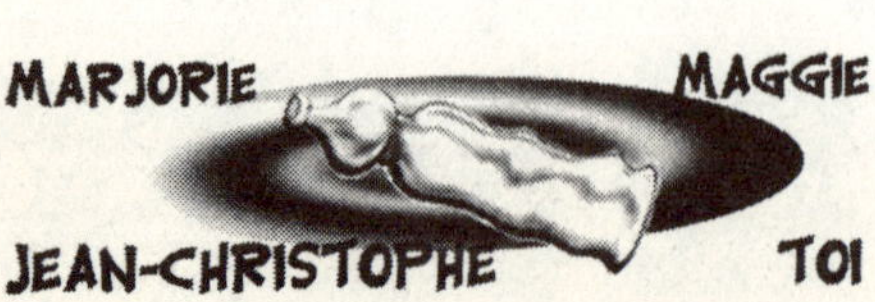

90

Tu gravis l'échelle avec difficulté parce que les barreaux sont recouverts de fongus gluants. Arrivé tout en haut, tu pousses avec ta tête le lourd couvercle et tu le fais glisser sur le côté afin de sortir de cet égout infect.

Debout au milieu de la rue Pasdebonsang, tu évites, à la façon d'un torero, un gros camion qui roulait à contresens. En sécurité sur le trottoir, tu remarques que ton cœur bat à toute allure. C'est sans doute parce que tu penses à tes deux amis qui sont encore aux prises avec cette petite folle de Maggie.

D'un pas pressé, tu te diriges vers le club des Téméraires pour y prendre la T.Z.E., votre trousse zigouille-ectoplasme qui contient tout le nécessaire pour faire face à toutes sortes d'éventualités d'ordre surnaturel.

Après t'être assuré que la trousse contient tout ce qu'il faut, tu retournes à la cabane de Maggie Noire qui se trouve au chapitre 14.

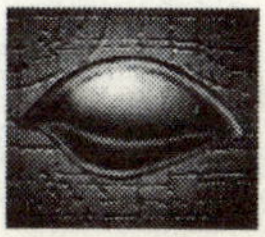

91

Deux chemins s'offrent à toi. Tu essaies de suivre avec ton doigt où ils mènent, mais les bourrasques de neige t'empêchent de voir correctement. Un seul te conduira jusqu'au château.

Rends-toi au numéro du chapitre inscrit sous le chemin qui, tu crois, t'y conduira...

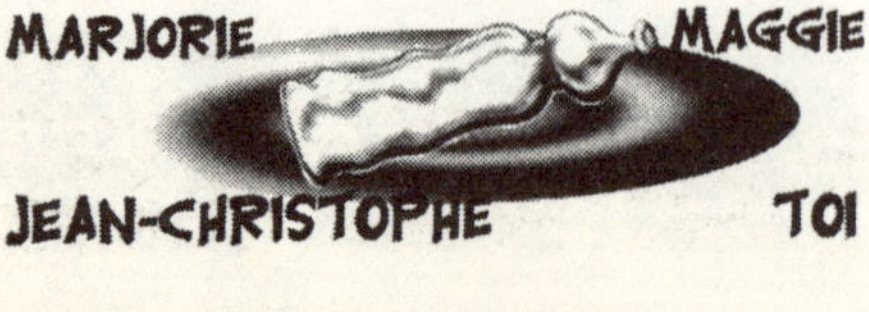

92

Vous suivez les indications du parchemin.

Une silhouette à la forme vaguement humaine apparaît derrière vous. Jean-Christophe donne l'alerte :

« Les vampires se font bronzer les nuits de pleine lune... »

Parmi les codes d'urgence que vous, les Téméraires, utilisez, celui-ci t'est le plus désagréable.

Marjorie et toi, vous vous retournez vers la sombre silhouette. Vous essayez tous les trois de vous éloigner lentement en ne la quittant pas des yeux. Le monstre avance lui aussi vers vous en traînant un gros sac. Par les formes arrondies qu'il contient, tu devines maintenant où sont passées toutes les têtes de cadavres.

LE MONSTRE DU JEU VIDÉO EST UN COLLECTEUR DE TÊTES !

Que vous choisissiez de le combattre ou que vous décidiez de tenter votre chance dans les dédales inextricables de cette crypte, une chose est certaine... VOUS ALLEZ EN PERDRE LA TÊTE !

FIN

93

Tu passes sans attendre le seuil de la porte et tu la refermes en prenant bien soin de la verrouiller. Tu n'as pas besoin d'y coller ton oreille pour entendre les hurlements de rage de la poupée vaudou qui n'est pas assez grande pour atteindre la poignée.

Tu marches le plus vite que tu peux dans un long couloir taillé dans les roches qui aboutit dans les égouts de Sombreville. Il fait si noir qu'il est impossible de voir quoi que ce soit. Tu sens un gros rat passer entre tes jambes, puis un autre et encore un autre. Il te faut sortir d'ici au plus vite.

Tu remarques, à quelques mètres au-dessus de ta tête, que la lumière d'un lampadaire est filtrée par une série de petits trous. C'EST LE COUVERCLE D'UN TROU D'HOMME !

Enfin une sortie ! Rends-toi vite au chapitre 45.

94

« Non merci m'sieur, lui répond Jean-Christophe, nous ne faisons que du lèche-vitrines.

— Vous dites que vous voulez goûter ? vous demande le gnome. Pas de problème, je vous donne un petit morceau de tout et vous choisirez ensuite ce que vous voulez...

— NON ! NON ! NON ! l'arrêtes-tu tout de suite. Lécher les vitrines, ça veux dire tout simplement regarder. Nous ne voulons rien goûter parce que, euh...

— Nous sortons justement de table et... »

Marjorie n'a pas le temps de terminer sa phrase.

« Dans ce cas, je vais vous donner quelques échantillons que vous mangerez comme collation, l'interrompt le gnome.

— NON ! C'est impossible, commence à s'impatienter Marjorie, qui ne veut absolument pas goûter à toutes ces choses dégoûtantes. Notre mère nous interdit de grignoter entre les repas. »

Allez au chapitre 60.

95

En bondissant sur tes pieds, tu réussis à éviter de justesse son accolade mortelle. Des asticots sortent de ses narines. Tu fuis vers la porte, mais en posant la main sur la poignée, tu te rappelles soudainement qu'un arbre noueux la tient solidement fermée.

Le zombie se rue vers toi. Maggie te fait un clin d'œil plutôt méchant et prononce quelques paroles incompréhensibles...

« ERBRA ERITER IOT ! ! ! »

À la dernière seconde, l'arbre disparaît et la porte s'ouvre derrière toi. Tu tombes à la renverse. Le zombie trébuche lui aussi. Tu roules sur toi-même pour éviter qu'il te tombe littéralement dessus.

Tu te relèves pour t'enfuir par le sentier qui conduit vers Sombreville. Tu cours plusieurs minutes avant de t'apercevoir qu'il y a quelque chose qui cloche, car tu devrais être déjà sorti de la forêt.

« Ce n'est pas normal tout ça, te mets-tu à réfléchir en essayant de reprendre ton souffle, caché entre deux grands chênes. Je suis sûr d'avoir pris le bon chemin. Mais la forêt semble vouloir s'étendre au-delà de ses limites. C'est sûrement Maggie, elle réussit à tout contrôler avec la sorcellerie, même les arbres... »

Va au chapitre 105.

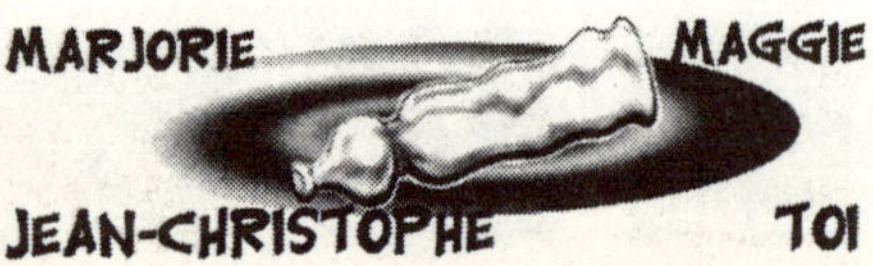

96

Maggie tourne la tête vers toi et te sourit. De la fumée sort de ses narines. Tu comprends vite que ton plan n'a pas marché.

Tu cours à toutes jambes entre les arbres de la forêt. En sautant par-dessus un gros tronc d'arbre tombé, tu échappes la T.Z.E. Tu stoppes net, car sans elle, tu ne peux rien contre Maggie Noire.

Tu attrapes la poignée et tu tires. La trousse est coincée entre une branche et une pierre. Alors que tu t'y mets à deux mains pour la dégager, un frottement semblable à celui d'un serpent rampant sur les feuilles survient. **CHRRRRR ! CHRRR !** Tu lèves la tête et tu aperçois la main de Maggie qui avance vers toi rapidement.

« Au diable la T.Z.E. », cries-tu en t'enfuyant à toutes jambes.

Derrière toi, le très long bras de Maggie contourne les arbres et ne cesse pas de s'allonger.

Tu n'oses pas regarder en arrière de peur de perdre les précieuses secondes d'avance que tu possèdes.

Vas-tu réussir à t'enfuir ? Va voir au chapitre 29 et tu auras la réponse...

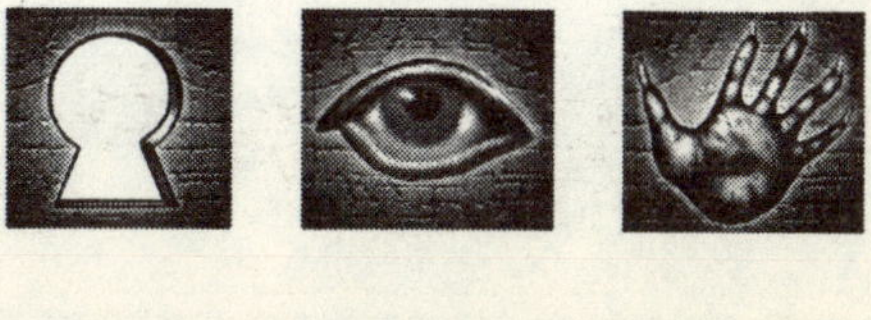

97

« Le jeu du Bec de la gargouille est celui que je préfère, te dit Maggie sur un ton diabolique, car vois-tu, ce jeu peut te projeter dans le passé, dans le futur ou dans un autre monde sans que tu aies pris le temps de faire tes bagages. Peu importe où tu te retrouveras, tu n'es pas prêt d'en revenir. Tu peux me croire, rajoute-t-elle en te ricanant en pleine face, HIR ! HIR ! HIR !

— Arrête tes facéties, espèce de chipie ! lui dis-tu, pressé d'en finir. On va voir ce qu'on va voir, présente-le-moi, ton jeu idiot... »

Les yeux de Maggie brillent soudain de fureur. Elle lève la main et fait bouger ses doigts en récitant des mots incompréhensibles. Le petit pliage de papier jauni à huit facettes s'élève et flotte dans les airs sous tes yeux agrandis d'étonnement.

« Avec Jean-Christophe et Marjorie, tu fais partie de la supposée très brave bande des Téméraires de l'horreur, se moque-t-elle, alors tu n'auras pas d'objection à ce que je limite ton choix au deux pires couleurs, le rouge sang et le mauve mutant... »

Si tu choisis rouge sang, rends-toi au chapitre 39.

Si mauve mutant est par contre ton choix, va au chapitre 59.

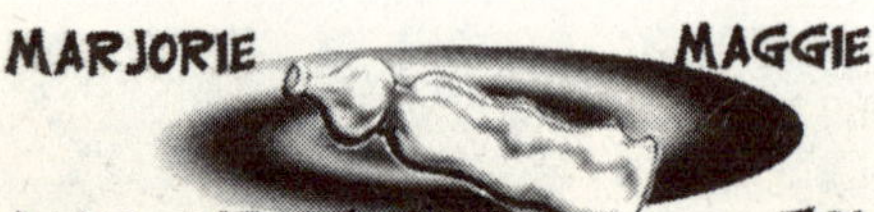

98

Tu as réussi à l'attraper...

« Je t'ai, stupide oiseau, lui dis-tu. Cette grosse patapouf sera très contente de te revoir. Si contente qu'elle me rendra ma liberté. »

Tu reviens fièrement vers la dame fantôme qui se met à pleurer de joie.

« Viens ici Edgar, pleurniche la grosse fantôme. Viens voir maman. »

Le perroquet s'envole et se pose sur l'épaule de la revenante.

« Est-ce que tu t'es ennuyé de moi ? lui demande-t-elle en caressant ses plumes.

— Grrrrosse patapouf, grrrrosse patapouf », répète le perroquet.

La revenante regarde tout étonnée son perroquet et comprend vite que c'est toi qui as ajouté cette insulte au vocabulaire de son oiseau favori. Elle a perdu son sourire amical. Tu auras beau te confondre en excuses, elle ne te permettra jamais de quitter le cimetière. Tu aurais dû garder ta langue dans ta poche...

FIN

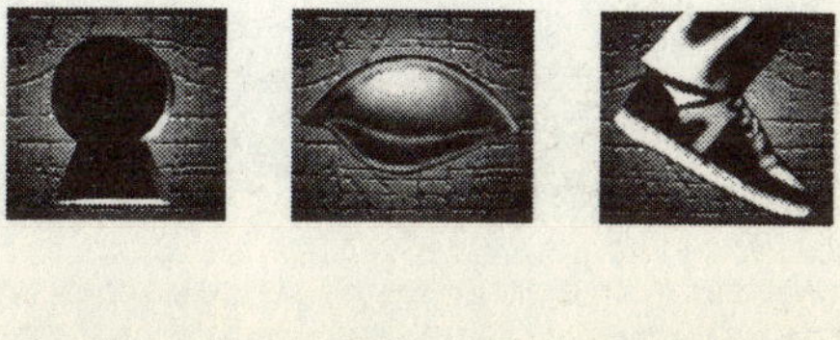

99

Vous courez dans un couloir comme s'il s'agissait d'une course à obstacles en sautant par-dessus cadavres, rats et toiles d'araignée. Tu sais bien que dans cette course démente, les vainqueurs ne repartent pas avec des médailles, mais plutôt avec leur vie...

Soudain, **BROOOUUM !** Un éboulement survient devant vous et vous bloque le chemin. Ce malheur vient de t'enlever la petite lueur d'espoir que tu avais de ressortir de cet endroit... EN UN MORCEAU !

Derrière toi, tu entends les hurlements du monstre qui se font plus audibles... Il se rapproche ! Tu saisis ta lampe qui était accrochée à ta ceinture et tu la braques au-dessus du tas de pierres. Un tunnel s'est ouvert quand le plafond s'est écroulé. Vous gravissez le tunnel sans attendre une seconde de plus. Vous grimpez jusqu'à une trappe de bois. En la poussant avec la tête, tu réussis à l'ouvrir juste assez pour que tu puisses voir où le tunnel débouche.

« TA-DAM ! » fait Maggie, toujours agenouillée dans sa cabane devant ses jeux ignobles.

Avec son index, elle vous ordonne de vous approcher du chapitre 4 pour continuer à jouer...

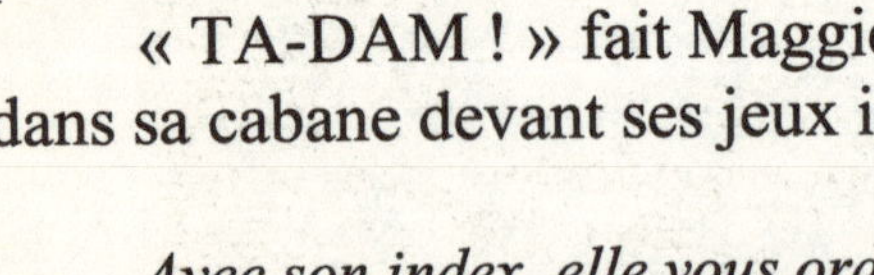

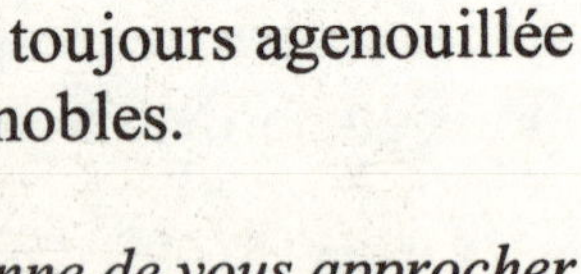

100

Tu découpes et tu plies le premier morceau de papier. Résultat : tu n'as réussi qu'à faire un simple avion. À la deuxième tentative, le résultat n'est guère mieux... C'EST UN PETIT CANARD !

Après avoir fabriqué un bateau, un chapeau, un chien et après avoir passé tous les animaux du zoo, tu dois baisser les bras et admettre que tu as oublié toutes tes notions d'origami. C'est vrai qu'il est difficile de se rappeler tous ces milliers de pliages pour des milliers choses.

La tête ailleurs, tu n'as pas remarqué que le feu est presque éteint et que tu n'as plus de bois. Il ne te reste que tes pliages de papier à brûler. Et, comme tu le sais, le papier brûle vite, très vite. Et très vite, tu te retrouveras à la...

FIN

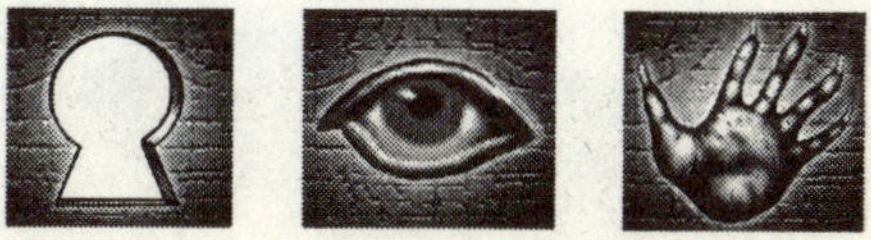

101

Maggie, suspendue à un fil, descend juste devant vous en agitant ses mandibules. Immobile comme une statue, tu la supplies de vous laisser, à toi et à tes amis, la vie sauve.

« SSSS ! il est trop tard pour vous SSSS ! » siffle-t-elle.

Elle pose une de ses pattes velues sur ton épaule et se met à t'enrouler sous son fil gluant jusqu'à ce que tu sois emmitouflé jusqu'au cou dans une sorte de cocon de soie. Elle te ramène sur son dos jusqu'à la cabane. Elle allume plusieurs chandelles et les place tout autour de toi.

Tu devines assez vite qu'elle va utiliser sa magie sur toi. Elle ouvre son agenda scolaire qui lui sert de grimoire et se met à réciter une incantation...

Les chandelles s'éteignent toutes en même temps et un orage imprévu éclate.

BRAOOUUUM !

Tu te sens soudain bizarre. Tu te mets à trembler à l'intérieur du cocon lorsque de longues pattes poilues poussent de chaque côté de ton corps. Tu essaies de crier, mais tes terrifiantes mandibules t'en empêchent...

FIN

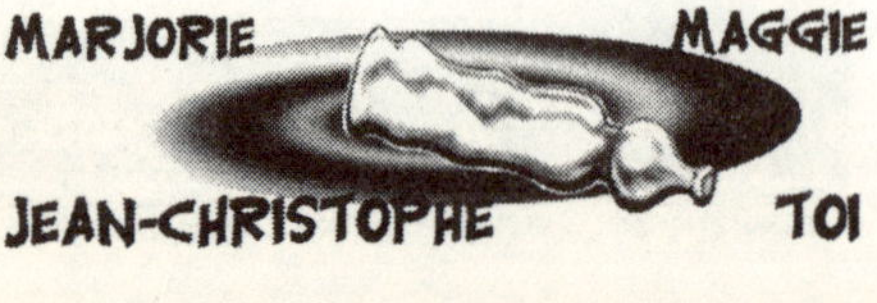

102

Tu n'as rien remarqué, mais il était là, caché entre les arbres.

Lorsque tu reprends ton chemin, le zombie émet un grognement caverneux GROOUU ! Tu te rends compte trop tard qu'il est toujours à ta poursuite. Tu fais volte-face et tu lui tombes directement dans les bras. Il te traîne par le collet jusqu'à un cimetière éloigné dont tu ignorais l'existence. D'autres zombies y sont attroupés.

Tu te dis que ce n'est qu'une question de minutes avant que ces morts-vivants bouffent ton cerveau juteux.

« J'ai emmeeuuné quelqu'un d'autrrrre pour jouer avec nous, dit aux autres le zombie à ton grand étonnement. Noouus pouvons commencer à jouer à cache-cache... »

Tu n'en crois pas tes oreilles... Jouer à cache-cache ? ? ?

Tout de suite, un des zombies se met à compter sur la plus grande pierre tombale du cimetière. Les autres zombies, sur la pointe des pieds, partent en éventail dans des toutes les directions.

Toi, tu te diriges vers le chapitre 48.

103

La grosse dame fantôme flotte vers toi et attrape qui... TOI !

« AU SECOURS ! hurles-tu. AU SECOURS ! »

Sa main immense et transparente te serre si fort que tu sens les meurtrissures sur ton poignet. Elle te tire irrémédiablement en direction du mur.

« MADAME LA REVENANTE ! la supplies-tu en fermant les yeux. Je ne peux pas comme vous traverser les murs, mon visage va s'aplatir comme une crêpe sur les planches. »

La grosse revenante ne veut rien entendre et te fait franchir le mur, à ta grande stupeur, comme si tu étais un spectre, toi aussi. Tu survoles avec elle la forêt. Tes craintes s'accroissent lorsque tu aperçois au loin les vieilles pierres tombales du cimetière Fairele-mort.

« Ça y est ! te mets-tu à penser. Cette fois, je suis fichu, cette grosse patapouf me conduit à mon dernier repos. »

Tu atterris avec elle devant un minuscule monument funéraire au chapitre 108 qui porte l'inscription : À Edgar, que je n'oublierai jamais...

104

« Jus de verrue et vers juteux font une excellente crème lunaire », dis-tu devant le guichet.

Le monstre soulève la clenche et ouvre la porte. Vous pénétrez avec appréhension dans l'enceinte de la ville. Les fenêtres des maisons de bois aux allures hostiles et lugubres illuminent une rue qui s'oriente vers un grand manoir juché sur la colline. Vous repérez un commerce qui clame avoir les meilleurs prix en ville, mais les meilleurs prix de quoi ?

Vous entrez et constatez que dans cet endroit macabre, on vend toutes sortes d'animaux monstrueux... EN PIÈCES DÉTACHÉES !

« Des entrailles de crapaud géant, des yeux de gargouille séchés, des oreilles de loup-garou tordues ! vous énumère le petit gnome dont vous n'apercevez que la chevelure ébouriffée derrière le comptoir. J'ai tout ce qu'il vous faut pour vos incantations et sortilèges, TOUT ! »

Tu mets la main sur ta bouche et tu te rends au chapitre 94.

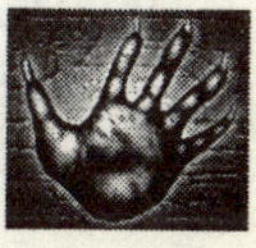

105

Pendant que tu réfléchis, un léger craquement survient.

CRAC !

Tu observes attentivement entre les arbres tortueux.

Regarde bien cette illustration. Si tu crois que le zombie est toujours à ta poursuite, rends-toi au chapitre 23. Si par contre, tu ne vois rien d'anormal, rends-toi au chapitre 102.

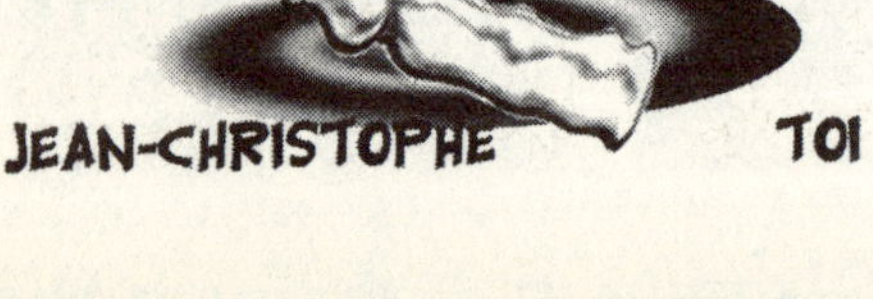

106

Tu sursautes lorsque tu tombes sur un gros scorpion séché et aplati comme une galette entre deux pages. Les sorciers d'autrefois utilisaient ce genre de bestiole à la place d'un signet pour marquer leurs pages.

Un peu plus loin, tu réussis enfin à trouver ce que tu cherchais.

« VAUDOU ! cries-tu à tes amis. Mélange de pratiques magiques et de sorcellerie dans le but de faire le mal, leur lis-tu. Il y a aussi « répertoires vaudou »; « recettes de boissons gazeuses vaudou »; « malédiction ». AH VOILÀ ! « Vaudou, conjurer un mauvais sort »...

— Qu'est-ce que ça dit ? demande Marjorie.

— Pour contrer le mauvais sort des poupées vaudou, poursuis-tu, il suffit de changer la position de leur commutateur de la position « méchante » à la position « gentille »...

Vous regardez tous les trois le petit coffre en vous disant que c'est trop facile pour être vrai...

Vous décidez tout de même d'ouvrir le coffre au chapitre 5.

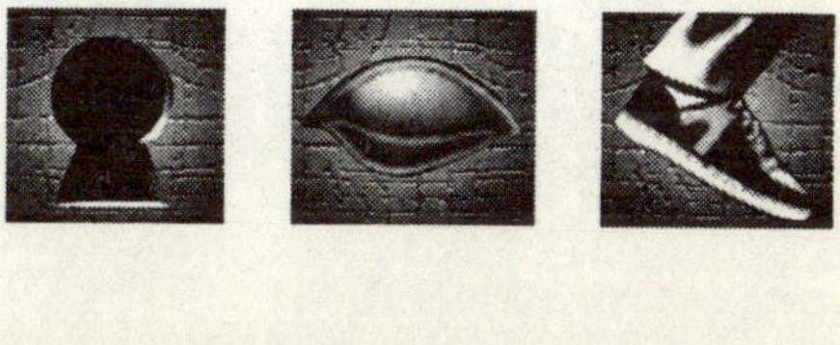

107

Elle s'est transformée en tarentule géante. Elle avance vers vous avec ses huit longues pattes velues. Elle vous regarde, ses yeux brillent comme des braises. Tous les trois, vous vous mettez à pousser sur la porte qui malheureusement est toujours retenue fermée par le tronc du gros sapin.

Jean-Christophe brise les carreaux de la fenêtre avec une chaise **CRAC ! CLING ! CLANG !**

Sans regarder derrière, vous vous faufilez dans l'ouverture.

Vous courez comme des fous entre les arbres. Maggie Noire se lance dans la forêt. Le bruit de ses huit pattes qui frappent le sol ressemble à celui que fait une troupe de soldats au pas de course et résonne tout autour de vous.

À l'orée de la forêt, vous vous butez violemment à la toile qu'elle a rapidement tissée et qui vous retient prisonniers.

Agglutinés tous les trois dans sa toile gluante, vous attendez la suite au chapitre 101.

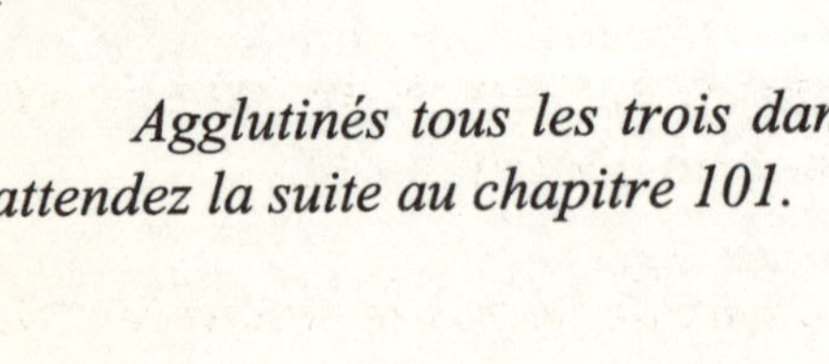

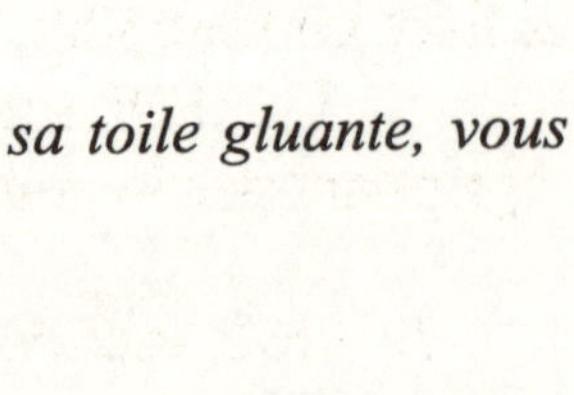

108

La revenante lâche finalement ton poignet et s'agenouille devant la petite pierre tombale. La tête enfoncée entre ses deux épaules, elle se met à pleurnicher.

« OOOOUUUU ! OOUUU ! »

Tu poses spontanément ta main sur son épaule pour la réconforter, mais ta main passe à travers elle comme si elle n'était pas là.

« C'était votre mari m'dame ? lui demandes-tu tout bas. Il était bien petit...

— Tu veux rire, te reprend-elle, Edgar n'était pas mon mari, c'était mon perroquet fantôme. Il y a trois nuits, il s'est envolé et je ne l'ai pas revu depuis. Ce cimetière est si triste lorsqu'il n'est pas là. Je m'ennuie à mourir. Je t'ai emmené ici pour que je puisse avoir de la compagnie en attendant qu'il revienne.

— Ce n'est pas sérieux ! t'objectes-tu vivement. Je ne peux pas passer tout mon temps ici, je suis encore en vie. Les cimetières sont pour les morts, essaies-tu de lui faire comprendre...

— Ça peut s'arranger, tu sais », te dit-elle en t'agrippant par le cou dans un élan de fureur...

Tu ferais peut-être mieux de ne pas la contrarier, va au chapitre 27.

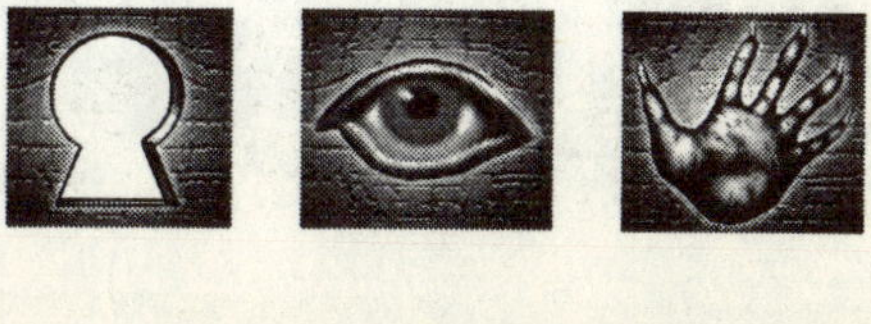

109

L'échelle est introuvable !

Tu dois chercher ailleurs une autre sortie et vite, car tu sens qu'il y a de plus en plus de rats dans le coin. Leurs cris résonnent sur les parois de brique et te font frémir de peur.

Tu arrives devant un tronçon éclairé par un liquide luminescent qui s'écoule litre par litre d'un tuyau qui perce la voûte. Une usine irrespectueuse de l'environnement se débarrasse de ses déchets chimiques en les déversant de façon irresponsable dans les égouts. Comme un alpiniste, tu t'agrippes aux briques de la paroi et tu essaies de franchir le passage. Juste comme tu te pensais presque sorti d'affaire, une brique se dérobe sous ton pied et tu tombes tête première dans le liquide toxique.

À peine t'es-tu remis debout, tu sens déjà que tu es en train de... MUER !

Ta peau devient verte et pleine d'écailles. De grosses bulles de pus gonflent ton visage.

Sachant que ça presse, tu cherches une autre sortie et tu réussis à en trouver une au chapitre 57.

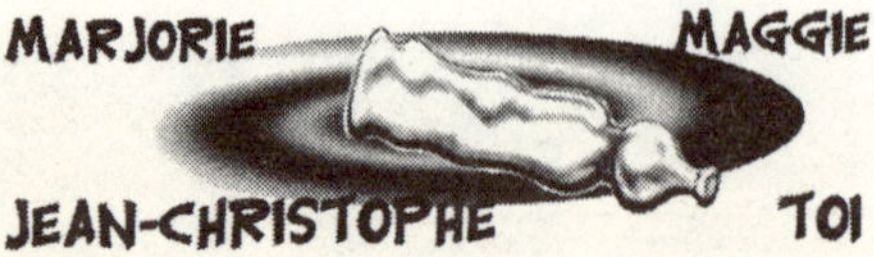

110

Un œil fermé et le visage crispé, tu te contorsionnes au-dessus du cadavre pour lui enlever le parchemin. Il le tient solidement entre ses doigts raides comme s'il ne voulait pas s'en défaire. Tu réussis quand même à le lui arracher. Ce parchemin usé et jauni semble indiquer la sortie de la crypte. Tu essaies de le déchiffrer...

Observe bien cette image du parchemin. T'indique-t-il d'aller au chapitre 92 ou au chapitre 84 ?

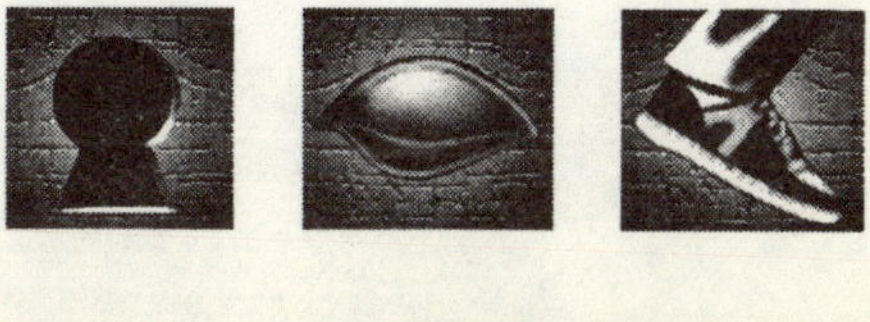

111

Marjorie sursaute lorsque deux clients entrent dans le restaurant et font tinter la clochette accrochée à la porte.

CLING ! CLING !

« Ouf ! j'ai eu une de ces frousses, dit-elle à voix basse en regardant nerveusement de tous les côtés. J'ai cru qu'il s'agissait des Téméraires. Ils ne nous foutront jamais la paix, ceux-là. »

Tu la regardes avec une mine déconcertée.

« Mais qu'est-ce que tu dis là ? Les Téméraires de l'horreur, c'est nous... »

Tes deux camarades te dévisagent d'un air surpris.

« Un de ces jours, poursuit ensuite Marjorie, je les mordrai tous les trois et ils deviendront des vampires... COMME NOUS !

— Mais... essaies-tu de dire.

— Pas de mais, te coupe Jean-Christophe en pourléchant ses deux longues canines. Ce sera bien fait pour eux...

— Il faut y aller, dit finalement Marjorie. Maggie nous attend dans sa cabane pour jouer à la Bouteille. »

Allez tous les trois au chapitre 43.

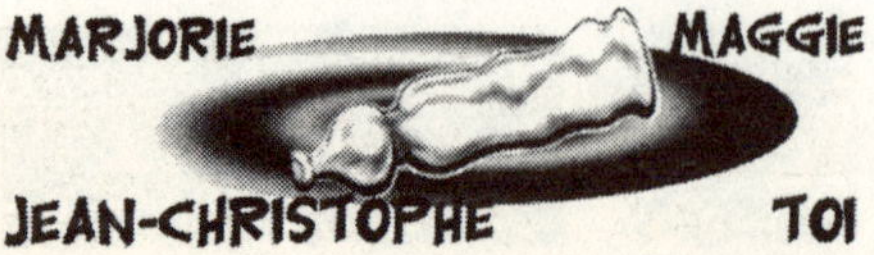

112

« ATTENTION ! » te crie Marjorie.

Tu recules vite de quelques pas jusqu'au mur qui se met à pivoter sur lui-même. TU AS DÉCOUVERT UN PASSAGE SECRET !

Tu ne croyais pas que la cabane en rondins de Maggie pouvait être aussi grande. Tu tournes la tête. La poupée marche vers toi en balançant son corps de gauche à droite comme le pendule d'un métronome.

Jean-Christophe et Marjorie ne peuvent pas bouger un seul muscle, car Maggie concentre tout son pouvoir paralysant sur eux.

« JE REVIENDRAI AVEC DU RENFORT ! » hurles-tu en poussant de toutes tes forces sur la partie du mur. L'ouverture est maintenant assez grande pour que tu puisses t'y glisser. De l'autre côté, tu découvres un escalier qui s'enfonce dans les ténèbres. Tu descends jusqu'à une porte. Tu poses ta main sur la poignée en espérant qu'elle ne soit pas verrouillée. Pour le savoir...

...TOURNE LES PAGES DU DESTIN.

Si elle n'est pas verrouillée, ouvre-la vite au chapitre 93.

Si par compte, elle l'est, va au chapitre 78.

113

Tu exécutes un splendide saut en tire-bouchon pour ensuite toucher le sol dans un atterrissage parfait. Tu lèves les bras comme si on venait de t'attribuer la plus haute note et la médaille d'or aux jeux olympiques.

Tu quittes enfin le flanc de la montagne en glissant sur le sol redevenu parfaitement horizontal. L'avalanche a baissé ses longs bras blancs et semble avoir cessé de te pourchasser. Tu glisses toujours et arrives de plein front dans un brouillard aussi épais qu'un mur opaque. Tu mets les mains devant toi pour ne pas te cogner la tête. Lentement, ta planche à neige de fortune stoppe. Tu poses les deux pieds sur le sol qui, curieusement, semble se déplacer au gré d'une houle légère. Le brouillard t'empêche toujours de voir, mais tu conclus que tu te retrouves sur une banquise qui flotte sur la mer.

Tu restes immobile pour ne pas tomber dans les eaux glaciales. Le brouillard finit enfin par se dissiper. En faisant le tour du grand morceau de glace qui dérive en plein océan, tu remarques de grandes traces de pas dans la neige... CELLES D'UN TIGRE POLAIRE !

Découvre la suite au chapitre 46.

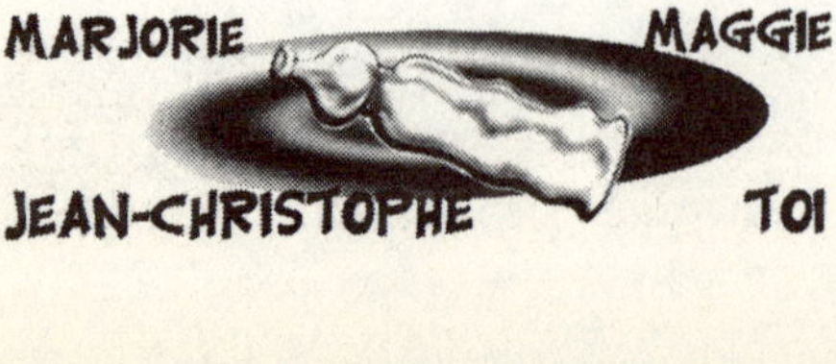

114

La main se ferme plusieurs fois dans le vide et replonge bredouille dans son pot. Au bout de l'allée, tu frissonnes à l'idée des blessures qu'elle t'aurait infligées si elle t'avait attrapé.

Derrière son comptoir, le petit gnome se hisse sur un tabouret afin d'être à votre hauteur.

« Je vois que vous n'êtes pas de la région, constate-t-il, le visage figé dans une moue interrogative.

— Nous venons d'en haut, lui répond Marjorie. Non plutôt d'en bas, enfin je ne sais plus...

— En fait, ce que ma sœur essaie de vous dire, reprend Jean-Christophe, c'est que nous voudrions retourner chez nous, si c'est possible.

— Hélas, moi je ne peux rien faire pour vous, avoue le gnome. Je ne suis qu'un commerçant. Cependant, je peux vous dire où habite Frigonard, le plus vieux sorcier du village. Lui pourrait peut-être vous aider, si toutefois vous lui accordez une petite faveur... »

Frigonard habite au chapitre 15, allez-y sans tarder...

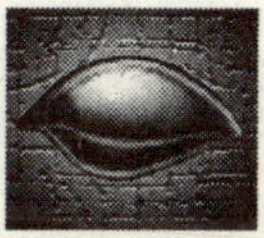

115

Maggie appuie sur un bouton et un autre tube cryogénique émerge du sol. À tâtons, tu t'y rends et tu places ta lampe de poche au-dessus du tube de verre. Après l'avoir allumée, tu retrouves vite Maggie qui est cachée sous le pupitre. Les doigts croisés, vous attendez quelques secondes avant que daigne se manifester... L'OMBRE DE LA SORCIÈRE !

Attiré par la lumière, le spectre noir de la sorcière se dirige tout droit vers le tube illuminé et fige dans un solide état de congélation. C'EST RÉUSSI !

« C'est à ton tour de jouer, Maggie », lui dis-tu.

Elle pianote sur le clavier de son ordi et réussit à trouver l'incantation qui vous ramène à votre époque, dans sa cabane en forêt.

Tous vos amis sont là, agenouillés devant la bouteille qui tourne. Personne ne semble s'être aperçu de ce qui s'est passé. La bouteille s'arrête devant Jean-Christophe. Tu fermes les yeux, car tu t'attends à ce que cette voix venue d'outre-tombe se fasse entendre encore. Rien ne se passe...

Tu ouvres les yeux... Maggie et Jean-Christophe s'embrassent...

FÉLICITATIONS !

Tu as réussi à terminer...

Les Mauvais tours de Maggie Noire.

C'est un jeu, c'est un aide-mémoire, c'est un journal intime, c'est un cahier de notes, c'est un répertoire téléphonique, c'est le terrifiant...

AGENDA PASSEPEUR !

Il est enfin arrivé ! Tout le monde l'attendait, les loups-garous, les vampires, les mutants aussi. Les zombies eux en sont **MORTS D'IMPATIENCE !**

L'auteur des livres Passepeur a créé un agenda **QUI SE JOUE !** avec le jeu des Pages du destin, comme tous les livres de la collection Passepeur. Avec ton agenda Passepeur, chaque journée sera une nouvelle aventure... **POUR TOI !**

NE MANQUE PAS TES DEUX PROCHAINES AVENTURES :

LE JEU DE MUTANDO

ET

C'est arrivé... DEMAIN!